PENSAMENTO, FORÇA DA ALMA

EDITORA EME

Solicite nosso catálogo completo, com mais de 500 títulos, onde você encontra as melhores opções do bom livro espírita: literatura infantojuvenil, contos, obras biográficas e de autoajuda, mensagens espirituais, romances, estudos doutrinários, obras básicas de Allan Kardec, e mais os esclarecedores cursos e estudos para aplicação no centro espírita – iniciação, mediunidade, reuniões mediúnicas, oratória, desobsessão, fluidos e passes.

E caso não encontre os nossos livros na livraria de sua preferência, solicite o endereço de nosso distribuidor mais próximo de você.

Edição e distribuição

EDITORA EME
Avenida Brigadeiro Faria Lima, 1080 – Vila Fátima
CEP 13369-040 – Capivari-SP
Telefones: (19) 3491-7000 | 3491-5449
Vivo (19) 9 9983-2575 | Claro (19) 9 9317-2800
vendas@editoraeme.com.br – www.editoraeme.com.br

@editoraeme /editoraeme editoraemeoficial @EditoraEme

DONIZETE PINHEIRO

PENSAMENTO, FORÇA DA ALMA

Capivari-SP

A Editora EME mantém o Centro Espírita "Mensagem de Esperança" e patrocina, junto com outras empresas, instituições de atendimento social de Capivari-SP.

2ª reimpressão - junho/2023 - de 3.001 a 7.000 exemplares

CAPA | André Stenico
DIAGRAMAÇÃO | João Victor C. de Oliveira
REVISÃO | Editora EME

Ficha catalográfica

Pinheiro, Donizete, 1956
Pensamento, força da alma / Donizete Pinheiro - 2ª reimp. jun. 2023 - Capivari-SP: Editora EME.
256 p.

1ª ed. dez. 2022
ISBN 978-65-5543-086-8

1. Espiritismo. 2. Pensamento. 3. Autoajuda.
I. TÍTULO.

CDD 133.9

SUMÁRIO

Primeira parte **7**
1. Introdução 9
2. Conceito 11
3. Alma ou espírito 12
4. Pródromos da comunicação 18
5. Cérebro 24
6. Mente 27
7. Pensamento 35
8. Mecanismo do pensamento 39
9. Pensamento fragmentário e contínuo 45
10. Força do pensamento 52
11. Ação do pensamento no mundo espiritual 56
12. Ação do pensamento sobre os corpos do espírito 69
13. Pensamento e universo 91
14. Pensamento e comunicação 106
15. Pensamento e obsessão 135
16. Pensamento e mediunidade 143
17. Pensamento intruso 158
18. Pensamento e saúde 163
19. Pensamento e locomoção 193

Segunda parte **199**
20. Consequências filosóficas e morais 201
21. Pensamento e evolução 204

22. Pensamento e vontade......211
23. Pensamento e esforço......215
24. Pensamento e livre-arbítrio......222
25. Pensamento e tempo......228
26. Pensamento e sentimento......235
27. Pensamento e relacionamentos......240
28. Pensamento e Deus......244
29. Pensamento e oração......248
30. Conclusão......252

PRIMEIRA PARTE

1. INTRODUÇÃO

INUMERÁVEIS ESTUDIOSOS, DE ONTEM e de hoje, já se debruçaram sobre o tema.

O que apresento aqui é um apanhado do ensino espírita sobre o pensamento, até onde foi possível com as minhas pesquisas. Evidentemente, o assunto é tão vasto e tão complexo que ninguém pode ter a pretensão de esgotá-lo.

Parece óbvio que pensar é próprio do ser humano e graças a isso vivemos, temos emoções, sentimentos e realizamos alguma coisa. Indicaria o sentido da própria existência. Daí, talvez, a conhecida frase do filósofo francês René Descartes: penso, logo existo!

Por causa da inteligência e do pensamento é que acumulamos conhecimentos suficientes para os avanços sociais, a tecnologia e o conforto que hoje desfrutamos.

Mas, onde de fato se originam os pensamentos?

A ciência está longe de compreender como o cérebro e o pensamento realmente funcionam, mas alguns recentes estudos e procedimentos neurológicos fazem presumir um futuro promissor nessa área. Por exemplo, hoje já se sabe que há uma correlação entre determinados tipos de pensamentos ou sentimentos e áreas específicas do cérebro.

E por que pensamos de modos diferentes? Por que uns se revelam mais inteligentes que outros?

Veremos que o espiritismo nos oferece algumas respostas, que a mim se apresentam lógicas, justas e amorosas.

O pensamento é uma força da alma e devemos aprender a utilizá-la para o nosso crescimento e felicidade.

Léon Denis, sobre o pensamento, diz: "Não há assunto mais importante que o estudo do pensamento, seus poderes e sua ação. É a causa inicial de nossa elevação ou de nosso rebaixamento; prepara todas as descobertas da ciência, todas as maravilhas da arte, mas também todas as misérias e todas as vergonhas da humanidade. Segundo o impulso dado, funda ou destrói as instituições como os impérios, os caracteres como as consciências. O homem só é grande, só tem valor pelo seu pensamento; por ele suas obras irradiam e se perpetuam através dos séculos."[1]

Vamos estudar juntos?

1 *O problema do ser, do destino e da dor*, FEB, cap. XXIV.

2. CONCEITO

O DICIONÁRIO AURÉLIO DIZ que pensamento é o "ato ou efeito de pensar, refletir, meditar". Também, que é o "processo mental que se concentra nas ideias: o nosso pensamento abrange quanto vemos, sentimos ou compreendemos". E segue catalogando o pensamento em variados aspectos.[2]

Em sentido amplo, podemos dizer que o pensamento é a capacidade ou a faculdade pela qual interagimos com a nossa intimidade e com o meio em que vivemos.

Poder pensar implica necessariamente num ato de inteligência, de raciocínio, de memória, de vontade. Pelo pensamento materializamos ideias, sozinhos ou em grupo, criando situações ou coisas que sabemos boas ou ruins conforme nos proporcionam bem-estar ou sofrimento. Graças a ele somos capazes de ter experiências que provocam sensações, emoções, sentimentos, ideias e atitudes.

---

2 *Novo dicionário Aurélio*, Editora Nova Fronteira.

3. ALMA OU ESPÍRITO

PARA OS MATERIALISTAS A consciência, mente e pensamento são apenas secreções do cérebro e estamos destinados ao nada depois da morte.

Alguns cientistas, porém, já começam a admitir que, talvez, essas faculdades humanas tenham sede numa entidade extrafísica cuja essência ainda ignoram. É que, nas chamadas EQMs-experiências de quase morte, pacientes em coma profundo ou anestesiados descrevem fatos que ocorreram enquanto seus cérebros se mantinham absolutamente não-funcionais. Além disso, a implantação de dispositivos elétricos nos cérebros de animais e pessoas, recuperando certas funções ou permitindo que se movam computadores ou robôs pelo pensamento, faz supor que o corpo físico está mais para uma máquina do que propriamente para um todo pensante por si mesmo.

Para o espiritismo não há qualquer dúvida quanto ao fato de que somos um espírito tendo uma experiência corporal e que o pensamento é seu atributo:

Em *A Gênese*, diz Allan Kardec:

> ... mas a matéria, por si só, é inerte; carecendo de vida, de pensamento, de sentimento, precisa estar unida ao princípio espiritual. O espiritismo não descobriu, nem inventou este princípio; mas foi o primeiro a demonstrá-lo por provas inconcussas; estudou-o, analisou-o e tornou-lhe evidente a ação. Ao elemento

> material, juntou ele o elemento espiritual. Elemento material e elemento espiritual, esses os dois princípios, as duas forças vivas da natureza. Pela união indissolúvel deles, facilmente se explica uma multidão de fatos até então inexplicáveis.[3]

Assim, há dois elementos gerais no Universo: o fluido cósmico, princípio de todas as coisas; e o espírito, princípio de todos os seres inteligentes.[4]

Tudo que existe de material, nos diversos planos de vida, nada mais é do que a agregação das unidades básicas do fluido universal, as quais, dependendo da combinação que lhes é dada, adquirem formas e propriedades específicas.

A essência e a forma do princípio inteligente, no entanto, estão longe de nossa compreensão.

Criado por Deus num determinado momento e trazendo consigo potenciais que o levarão ao ápice da sabedoria e do amor, esse princípio inteligente se individualiza e aprimora agregando-se ao elemento material e tendo experiências nos diversos reinos da natureza, por um tempo imensurável.

Para que os espíritos - individualização do princípio inteligente - possam atuar sobre a matéria, eles se revestem de um envoltório fluídico, de natureza semimaterial, igualmente extraído do fluido cósmico universal. Esse envoltório, denominado perispírito, faz de um ser abstrato, do espírito, um ser concreto, definido, apreensível pelo pensamento. Torna-o apto a atuar sobre a matéria tangível, conforme se dá com todos os fluidos imponderáveis, que são, como se sabe, os mais poderosos motores.[5]

Essa individualização do espírito ocorre anteriormente à fase humana, conforme afirmado por Kardec no capítulo "Os três

---

3 *Caráter da Revelação Espírita*, item 18.

4 *O Livro dos Espíritos*, Allan Kardec, tradução Guillon Ribeiro, FEB, questões 27 e 79.

5 Idem, item 17.

reinos" de *O Livro dos Espíritos*, no qual é ensinado que a inteligência do homem e dos animais emanam de um mesmo princípio inteligente e que este, nos seres inferiores da criação, se elabora, se individualiza pouco a pouco e se ensaia para a vida, transformando-se e entrando no período de humanização, quando começa a ter consciência do seu futuro, capacidade de distinguir o bem do mal e a responsabilidade dos seus atos.[6]

Deduzimos, porém, de outros ensinamentos, que esse processo de individualização se inicia mesmo nos reinos ainda mais inferiores.

Sobre as plantas, disseram os espíritos mentores que elas possuem instinto e uma vida puramente orgânica, mas não têm consciência, porque não pensam. Vejamos que não afirmaram que não possuem princípio inteligente, apenas que não pensam, o que é coisa diferente.

Todavia, em resposta à questão 540 de *O Livro dos Espíritos*, afirmaram os mentores:

> É assim que tudo serve, que tudo se encadeia na Natureza, desde o átomo primitivo até o arcanjo, que também começou por ser átomo. Admirável lei de harmonia, que o vosso acanhado espírito ainda não pode apreender em seu conjunto!

Ora, se o arcanjo também começou por ser átomo (considerado na época a menor partícula indivisível), é que o princípio inteligente que lhe deu origem de alguma forma estagiou no reino mineral. E se tudo se encadeia na natureza, o processo evolutivo não poderia saltar o reino vegetal, e as plantas, como sabemos, são dotadas de vitalidade, de estrutura genética e instinto, ou seja, já são organismos muito complexos e com funções assemelhadas às

---

6 *O Livro dos Espíritos*, Allan Kardec, tradução Guillon Ribeiro, FEB, questões 606 e 607.

dos reinos superiores, dentre elas a alimentação, a respiração, a fecundação e a reprodução.

Para o filósofo Léon Denis, contemporâneo e discípulo de Kardec: Na planta a inteligência dormita; no animal ela sonha; só no homem acorda, conhece-se, possui-se e torna-se consciente; a partir daí o progresso, de alguma sorte fatal nas formas inferiores da Natureza, só se pode realizar pelo acordo da vontade humana com as leis eternas.[7]

Os espíritos Emmanuel e André Luiz, pela mediunidade de Francisco Cândido Xavier, também trataram do assunto.

No livro *O consolador*, diz Emmanuel: "A escala do progresso é sublime e infinita. [...] O mineral é atração. O vegetal é sensação. O animal é instinto. O homem é razão. O anjo é divindade".[8]

André Luiz, na obra *No mundo maior*, traz a palavra do mentor Calderaro:

> A crisálida de consciência, que reside no cristal a rolar na corrente do rio, aí se acha em processo liberatório; as árvores que por vezes se aprumam centenas de anos, a suportar os golpes do inverno e acalentadas pelas carícias da primavera, estão conquistando a memória; a fêmea do tigre, lambendo os filhinhos recém-natos, aprende rudimentos do amor; o símio, guinchando, organiza a faculdade da palavra. Em verdade, Deus criou o mundo, mas nós nos conservamos ainda longe da obra completa.[9]

No livro *Evolução em dois mundos*, o próprio André Luiz apresenta ensinamentos nesse sentido:

---

7 *O problema do ser, do destino e da dor*, Léon Denis, FEB, 1ª. Parte, cap. IX.
8 *O consolador*, Emmanuel/FCX, FEB, pergunta 79.
9 *No mundo maior*, André Luiz/FCX, FEB, cap. 3.

> ... porquanto ao longo da atração no mineral, da sensação no vegetal e do instinto no animal, vemos a crisálida de consciência construindo as suas faculdades de organização, sensibilidade e inteligência, transformando, gradativamente, toda a atividade nervosa em vida psíquica.[10]

E quanto às plantas possuírem um princípio inteligente com seu envoltório fluídico, trazemos uma situação narrada por André Luiz, que para ele foi inusitada, quando com o instrutor Aniceto estava no jardim de uma residência após uma reunião do evangelho no lar. Ele vê duas entidades espirituais, referidas como mãe e uma filha pequena, e esta arranca a parte espiritual, o envoltório fluídico de uma flor.

Diz ele:

> Respirando as brisas cariciosas que sopravam da Guanabara, reparei, pela primeira vez, no delicado fenômeno, que não havia observado até então. Uma pequena carinhosa, enquanto a mãezinha palestrava com um amigo, despreocupadamente, colheu um cravo perfumoso, num grito de alegria. Vi a menina colher a flor, retirá-la da haste, ao mesmo tempo que a parte material do cravo emurchecia, quase de súbito. A senhora repreendeu-a, com calor:
>
> - Que é isso, Regina? Não temos o direito de perturbar a ordem das coisas. Não repitas, minha filha! Desgostaste a mamãe![11]

No livro *Evolução em dois mundos*, nosso irmão André fala sobre a existência de plantas e animais no mundo espiritual. Isso só é possível se considerarmos que as plantas igualmente são princípios inteligentes e possuem envoltórios.

---

10 *Evolução em dois mundos*, André Luiz/FCX, FEB, cap. IV

11 *Os mensageiros*, André Luiz/FCX, FEB, cap. 37.

> Plantas e animais domesticados pela inteligência humana, durante milênios, podem ser aí aclimatados e aprimorados, por determinados períodos de existência, ao fim dos quais regressam aos seus núcleos de origem no solo terrestre, para que avancem na romagem evolutiva, compensados com valiosas aquisições de acrisolamento, pelas quais auxiliam a flora e a fauna habituais à Terra, com os benefícios das chamadas mutações espontâneas.
>
> As plantas, pela configuração celular mais simples, atendem, no plano extrafísico, à reprodução limitada, aí deixando descendentes que, mais tarde, volvem também à leira do homem comum, favorecendo, porém, de maneira espontânea, a solução de diferentes problemas que lhes dizem respeito, sem exigir maior sacrifício dos habitantes em sua conservação.[12]

Parece-me o suficiente para compreender que o espírito alcança a pureza percorrendo todos os reinos da natureza. Avança passo a passo ajustando-se à matéria que lhe serve de morada provisória, uma necessidade para o desenvolvimento dos seus potenciais, o que só é possível se desde o início for dotado de um envoltório que lhe permita essa interação e de um mecanismo indestrutível de registro das experiências, que poderemos considerar como sendo a mente. E é em cada reino e em cada espécie à qual se vincula que ele constitui e aprimora o envoltório que lhe serve de veículo de manifestação na matéria e na relação com o meio e os outros seres igualmente em via de progresso.

E, como veremos, todo esse processo de evolução levará à conquista do pensamento contínuo, indispensável ao avanço do espírito para o ápice da sabedoria, do amor e da felicidade.

---

12 *Evolução em dois mundos*, André Luiz/FCX, FEB, cap. 13.

4. PRÓDROMOS DA COMUNICAÇÃO

A ciência nos revela que, no microcosmo das partículas subatômicas e no macrocosmo das galáxias, tudo está em movimento, em atividade e interação. O Universo é vida pulsante em toda parte.

Essa realidade ponderável e múltipla é obra das ideias e dos pensamentos dos espíritos superiores que agem em nome de Deus, modelando o fluido universal conforme os desígnios divinos.

André Luiz, no livro *Mecanismos da mediunidade*, assim se expressa:

> Os espíritos aperfeiçoados, que conhecemos sob a designação de potências angélicas do Amor Divino, operam no micro e no macrocosmo, em nome da Sabedoria Excelsa, formando condições adequadas e multiformes à expansão, sustentação e projeção da vida, nas variadas esferas da Natureza, no encalço de aquisições celestiais que, por enquanto, estamos longe de perceber.[13]

A impressionante e complexa geometria dos cristais não poderia ser obra do acaso. Só podemos mesmo admitir que uma inteligência superior desenhou essa agregação ordeira e estável, certamente com um fim específico e útil. E esse propósito é exatamente o de proporcionar condições para a evolução do princípio inteligente, que, "dormindo" no mineral, assimila as suas

13 *Mecanismos da mediunidade*, André Luiz/FCX, FEB, cap. 4 (Matéria mental).

propriedades de atração e de organização que lhe dá estrutura, as quais serão indispensáveis à futura constituição dos cérebros físico e perispiritual, da memória e do pensamento lógico.

Se no reino mineral apenas se pode falar em atração, acumulação e assimilação de partículas, uma espécie de interação e comunicação determinada pelo magnetismo, já no reino vegetal a comunicação entre as individualidades se evidencia com alguma clareza, percebido mesmo por observações e estudos científicos.

Relembrando as palavras de Calderaro, "*as árvores que por vezes se aprumam centenas de anos, a suportar os golpes do inverno e acalentadas pelas carícias da primavera, estão conquistando a memória*".

Ora, memória é a capacidade de adquirir, armazenar e recuperar informações, de modo que é um processo complexo, que pressupõe a existência de um sistema que registre e organize as informações e as experiências, um tipo de base de dados na terminologia da computação.

Se as árvores estão conquistando a memória, é porque são dotadas desse sistema. Sabe-se que os anéis do tronco guardam informações não só a respeito do seu crescimento, mas permitem também que se tenha conhecimento de várias ocorrências da natureza ao seu redor, especialmente em relação ao clima. A ciência que trata disso foi chamada de dendrocronologia.[14]

No capítulo "Os três reinos" de *O Livro dos Espíritos*, já citado, Kardec e os espíritos admitem que tudo se liga na natureza e que certas plantas seriam uma transição entre a natureza vegetal e a natureza animal[15], mas que as funções e atividades observadas nas plantas são meramente mecânicas - uma espécie de instinto, dependendo da extensão que se dá a esse termo.[16]

---

14 Site: https://pt.wikipedia.org/wiki/Dendrocronologia

15 Questão 589.

16 Questão 590.

Kardec diz, ainda, que o instinto é uma "inteligência rudimentar", não racional, meio pelo qual todos os seres provêm as suas necessidades, variando conforme a espécie.[17]

Hoje sabemos que o instinto está intimamente ligado à genética, ramo da ciência somente estruturado no início do século XX, após os estudos iniciais de Gregor Mendell, monge e biólogo austríaco. A vida de cada espécie é determinada exatamente pela combinação dos seus genes, cada código ou combinação implicando numa propriedade ou ação.

O instinto pode ser comparado a um *software* – programa com instruções para o controle e funcionamento de um computador –, um sistema inteligente desenvolvido pelos espíritos superiores e implantado em cada espécie, dando-lhe propriedades únicas e possibilitando a sua existência.

Poderíamos dizer, então, que há uma transferência de informações da inteligência instintiva para a mente do princípio espiritual, sendo dessa maneira que este vai, em cada espécie, adquirindo suas próprias qualidades e desenvolvendo a inteligência que lhe é imanente. Partindo da organização dos minerais, o princípio inteligente avança nos vegetais estruturando as bases da memória, que prosseguirá sendo aprimorada nos reinos superiores, em variados corpos, pois a memória é indispensável ao armazenamento de todas as suas experiências e informações, bem como à comunicação pelo pensamento, de início de forma fragmentária e depois sem interrupção do fluxo.

André Luiz diz que

> [...]a mônada vertida do Plano Espiritual sobre o Plano Físico atravessou os mais rudes crivos da adaptação e seleção, assimilando os valores múltiplos da organização, da reprodução, da memória, do instinto, da sensibilidade, da percepção e da preservação

17 *O Livro dos Espíritos*, tradução Guillon Ribeiro, FEB, questões 71 a 75.

> própria, penetrando, assim, pelas vias da inteligência mais completa e laboriosamente adquirida, nas faixas inaugurais da razão.[18]

Retomando a questão central, podemos perguntar: Mas as plantas já se utilizam dessa memória para alguma coisa? Há, entre elas também uma forma de comunicação?

A primeira evidência positiva está no fato de que as plantas têm um metabolismo próprio, um ciclo de vida que se mantém graças às informações arquivadas em seus genes.[19] Cada gene possui uma memória específica, que comanda determinada função ou qualidade da planta. Sem isso a planta não tem estrutura, organização ou vida. E na reprodução, os novos exemplares mantêm as mesmas características da planta mãe justamente porque os genes são capazes de conservar as suas informações e seus comandos. Isso é chamado de memória genética, compreendendo, inclusive, a transmissão de mutações dos genes para novos exemplares.

Nesse sentido o estudo dos doutores Leyla Mariane Joaquim e Charbel Niño El-Hani, da Universidade Federal da Bahia:

> Pardini e Guimarães (1992) propuseram um conceito sistêmico de gene, de acordo com o qual "o gene é uma combinação de (uma ou mais) sequências de ácidos nucleicos (DNA ou RNA), definido pelo sistema (a célula inteira, interagindo com o ambiente) que corresponde a um produto (RNA ou polipeptídio)" (1992, p. 713-7). ***Essa definição trata o genoma como parte do sistema celular, que "constrói, define e usa o genoma como parte do seu mecanismo de memória, como um banco de dados interativo"*** (Guimarães & Moreira, 2000, p. 249) - destaque nosso.[20]

18 *Evolução em dois mundos*, psicografia de FCX, editora FEB, cap. III.

19 Site: https://pt.wikipedia.org/wiki/Gene

20 Site:https://www.scielo.br/scielo.php?script=sci_arttext&pid=S1678-31662010000100005

Por outro lado, cada vez mais se estuda a interação das plantas com o meio ambiente - outras plantas, solo, insetos, animais. Ainda que se diga ser decorrente do instinto, esse meio de comunicação e relação é fruto da memória elementar e que possibilita às plantas ações mecânicas apropriadas à manutenção da vida, que o princípio espiritual assimilará para, no futuro, lhe ser possível desenvolver o pensamento, a voz e a palavra.

Estudos revelam que todos nós, os seres vivos, fazemos parte de um ecossistema planetário e dependemos uns dos outros para a manutenção da vida. Nessa inter-relação, os mecanismos de comunicação são indispensáveis, cada espécie com as suas peculiaridades.

No reino vegetal, especificamente, as plantas se utilizam de substâncias químicas para se protegerem, como mecanismo de disseminação de sementes e, suspeita-se, também para a comunicação com as próprias irmãs.

O site da BBC nos traz informações a respeito, semelhante a outros relatos.

> Analisando o solo onde elas vivem, os cientistas descobriram que há uma espécie de rede subterrânea de fungos que conecta as árvores que estão próximas - uma espécie de internet vegetal. Por meio dessa rede, as plantas trocam nutrientes e mensagens de alerta, por exemplo, quando se sentem ameaçadas.
>
> Em 1997, Suzanne Simard, da Universidade de British Columbia, mostrou que havia uma transferência de carbono por micélio entre o abeto de Douglas (uma árvore conífera) e uma bétula. Mas, assim como a internet, essa rede também tem seu lado obscuro e, por meio dela, uma planta pode sabotar a outra, por exemplo, roubando nutrientes.
>
> Em 2010, Ren Sem Zeng, da Universidade de Guangzhou, observou que algumas plantas trocavam informações para combater espécies invasoras e, em 2013, David Johnson, da

Universidade de Aberdeen, na Escócia, detectou comportamento parecido em favas.[21]

No seu livro *A vida secreta das árvores*, o engenheiro florestal alemão Peter Wohlleben admite não só a memória vegetal, mas também chega a afirmar que as árvores estabelecem comunicação por suas raízes, trocando nutrientes, auxiliando-se reciprocamente e, inclusive, passando informações contra predadores. E no capítulo sobre a linguagem, diz que as árvores se utilizam de substâncias odoríferas para se comunicar, como acontece também entre animais. Peter avança para outras sensações das árvores, inclusive uma espécie de dor, afirmações que não são o nosso escopo.[22]

Concluindo, essas considerações foram no sentido de demonstrar que nos reinos mineral e vegetal já existem sistemas de comunicação que determinam a conexão entre as substâncias ou as plantas entre si, como se fossem os pródromos daquilo que, entre os animais e os humanos, chamamos de pensamento.

---

21 Site: https://www.bbc.com/portuguese/internacional-44717447

22 *A vida secreta das árvores*, Editora Sextante, 2015.

5. CÉREBRO

O PENSAMENTO SÓ EXISTE e se manifesta entre nós graças à existência de um sistema nervoso, do qual o cérebro é o órgão principal.

André Luiz afirma que foi entre os equinodermos e os crustáceos que o princípio inteligente ensaiou, durante milênios, o sistema vascular e o sistema nervoso.[23]

Os equinodermos são animais marinhos que

> [...] têm um sistema nervoso radial simples que consiste em uma rede nervosa modificada (neurônios interconectados sem nenhum órgão central) e composto por anéis nervosos, nervos radiais em volta da boca se estendendo por cada braço. Os ramos desses nervos coordenam o movimento do animal. Os equinodermos não têm cérebro, embora alguns possam ter gânglios.[24]

A evolução das espécies revela que o sistema nervoso e o cérebro foram se aprimorando, tornando-se cada vez mais complexos ao longo de milhões de anos. Simultaneamente, ao ajustar-se o princípio espiritual às espécies mais evoluídas, igualmente mais complexo se tornava o envoltório fluídico, assim se aparelhando para servir ao espírito, não só na matéria como também no plano etéreo, tudo com o objetivo de lhe permitir o desenvolvimento e a manifestação de seus potenciais divinos.

---

23 *Evolução em dois mundos*, psicografia de FCX, editora FEB, cap. III.

24 Wikipedia, vocábulo echinodermata.

Nos animais superiores, os vertebrados,

> [...]o sistema nervoso aparece na forma de uma fina tira de tecido que corre pelo dorso do embrião. Esta tira engrossa e então se dobra para formar um tubo oco. A extremidade frontal do tubo se desenvolve e forma o cérebro. Em sua forma mais recente, o cérebro aparece como três protuberâncias, que finalmente formarão o prosencéfalo (região anterior), o mesencéfalo e o rombencéfalo (região posterior).[25]

Os primatas e os humanos destacam-se pelo seu prosencéfalo e pela ampliação da região conhecida como córtex, especialmente o pré-frontal, que teria relação com o planejamento, memória, motivação, atenção e controle de funções.

Os estudos do espírito André Luiz coincidem:

> A massa de células nervosas que precede a formação do mundo cerebral, nos invertebrados, dá lugar à invaginação do ectoderma nos vertebrados, constituindo-se, lentamente, a vesícula anterior ou prosencéfalo, a vesícula média ou mesencéfalo e a vesícula posterior ou rombencéfalo.[26]

No livro *No mundo maior*, o instrutor Calderaro vai dizer que o cérebro é "o instrumento que traduz a mente, manancial de nossos pensamentos"[27]; o órgão sagrado de manifestação da mente, em trânsito da animalidade primitiva para a espiritualidade humana.[28]

E Joanna de Ângelis não discrepa:

---

25 Wikipedia, vocábulo cérebro.

26 *Evolução em dois mundos*, psicografia de FCX, editora FEB, cap. 9.

27 *No mundo maior*, psicografia de FCX, editora FEB, capítulo A casa mental

28 Idem, capítulo Estudando o cérebro.

Desse modo, o pensamento não procede do cérebro. Este tem a função orgânica de registrá-lo e, vestindo-o de palavras, externá-lo, como por intermédio da arte nas suas incontáveis apresentações. O pensamento é a exteriorização da mente, que independe da matéria e, por sua vez, é originada no espírito. O espírito possui a faculdade mental que expressa o pensamento em todas as direções, utilizando-se do cérebro humano para comunicar suas ideias com as demais pessoas.[29]

29 *Autodescobrimento*, psicografia de Divaldo Pereira Franco, editora LEAL, cap. 2.

6. MENTE

PERCEBE-SE QUE NÃO É possível se falar da mente sem relacioná-la com os cérebros físico e perispiritual, dada a existente intimidade.

O cérebro físico é palpável e já foi examinado e dissecado de diversas formas, mas a mente é um sistema cuja essência ainda não foi definida, não se podendo afirmar se sua natureza é espiritual, inerente ao princípio inteligente, ou se ainda um sistema organizado com base em elementos quintessenciados do fluido universal. Para a estatura do nosso conhecimento, os termos espírito, mente e consciência são corriqueiramente utilizados com o mesmo significado, para expressar o ser etéreo.

Deduzimos sua existência pelos seus efeitos, tanto quanto temos a certeza de uma inteligência suprema que criou tudo o que existe, mas não a conhecemos. Algumas informações existem porque foram reveladas pelos espíritos superiores.

A psiquiatria e a psicologia abordam o tema a partir das manifestações emocionais e sentimentais do indivíduo. Freud e Jung e a neuropsiquiatria moderna deram substancial contribuição nesse aspecto.

Os estudiosos da psique não discrepam muito quanto à subdivisão da mente em alguns departamentos, conforme os seus conteúdos: id (ou inconsciente), ego (ou consciente) e superego (ou superconsciente). O *self*, de Jung, corresponderia à própria alma, o ser na sua integralidade.

Há uma correlação direta com o processo evolutivo do cérebro. O inconsciente estaria ligado ao rombencéfalo (também chamado arquicérebro ou reptiliano, por ser o mais antigo, compreendendo a parte posterior). O consciente estaria ligado ao mesencéfalo (ou mamífero) e o superconsciente ao prosencéfalo (região anterior, mais recente).

André Luiz apresenta-nos interessante explicação do instrutor Calderaro sobre o cérebro triuno e sua relação com as conquistas do espírito. Vejamos:

> No sistema nervoso, temos o cérebro inicial, repositório dos movimentos instintivos e sede das atividades subconscientes; figuremo-lo como sendo o porão da individualidade, onde arquivamos todas as experiências e registramos os menores fatos da vida. Na região do córtex motor, zona intermediária entre os lobos frontais e os nervos, temos o cérebro desenvolvido, consubstanciando as energias motoras de que se serve a nossa mente para as manifestações imprescindíveis no atual momento evolutivo do nosso modo de ser. Nos planos dos lobos frontais, silenciosos ainda para a investigação científica do mundo, jazem materiais de ordem sublime, que conquistaremos gradualmente, no esforço de ascensão, representando a parte mais nobre de nosso organismo divino em evolução.[30]

E prossegue o mentor detalhando no mesmo capítulo:

> Não podemos dizer que possuímos três cérebros simultaneamente. Temos apenas um que, porém, se divide em três regiões distintas. Tomemo-lo como se fora um castelo de três andares: no primeiro situamos a residência de nossos impulsos automáticos, simbolizando o sumário vivo dos serviços realizados; no

30 *No mundo maior*, psicografia de FCX, editora FEB, capítulo A casa mental.

> segundo localizamos o domicílio das conquistas atuais, onde se erguem e se consolidam as qualidades nobres que estamos edificando; no terceiro, temos a casa das noções superiores, indicando as eminências que nos cumpre atingir. Num deles moram o hábito e o automatismo; no outro residem o esforço e a vontade; e no último demoram o ideal e a meta superior a ser alcançada. Distribuímos, deste modo, nos três andares, o subconsciente, o consciente e o superconsciente. Como vemos, possuímos, em nós mesmos, o passado, o presente e o futuro.

Também se admite que entre o consciente e inconsciente profundo situa-se o subconsciente, uma espécie de arquivo morto de mais fácil acesso. No inconsciente e no subconsciente (passado próximo) guardamos aquilo que não interessa às nossas vivências atuais, embora os conhecimentos armazenados possam se apresentar na forma de intuição ou de automatismo, este significando todas as atividades que aprendemos e para as quais não mais necessitamos de pensar para realizar. No consciente temos o material de uso imediato, úteis às nossas atividades na vida presente. Já o superconsciente é a região onde são registradas as informações nobres, moralmente elevadas que acolhemos e servirão de norte ao nosso progresso intelectual e espiritual.

Essas regiões da mente ou do cérebro não são absolutamente isoladas, mas delimitam-se e podem se comunicar, e o fazem corriqueiramente, de forma harmônica ou desastrada.

Assim, em resumo, podemos dizer que é na mente que estão perenemente arquivados todos os conhecimentos e todas as experiências do espírito, desde a sua origem. É na mente que se formam as ideias, que serão exteriorizadas conforme a vontade do espírito, pelos cérebros físico e perispiritual. É na mente que são registradas e arquivadas todas as percepções externas - da natureza e de outros espíritos -, enfim, do meio em que estamos inseridos e sintonizados.

A compartimentação do cérebro em três regiões espelha a organização e a memória conquistadas pelo princípio inteligente nos reinos mineral e vegetal, refletindo a estrutura da própria mente, que arquiva os registros de suas vivências na ordem dos acontecimentos, em camadas, de modo a serem eventualmente acessados.

O fato de dispormos de uma memória organizada não significa que sejamos capazes de utilizar a totalidade das informações e experiências arquivadas.

Como vimos, a mente e o cérebro registram as experiências em ambientes específicos, catalogados como inconsciente, consciente e superconsciente

À medida das reencarnações, submetemo-nos a um processo de amnésia ou esquecimento do passado, necessário ao início de um novo período de provas sem o peso dos enganos anteriores ou sem as paixões que nos inclinem a repetir condutas.[31] Isso quer dizer que determinados conteúdos pregressos permanecem restritos ao inconsciente.

Comentando sobre o esquecimento do passado, Allan Kardec diz que não temos lembrança exata do que fomos e do que fizemos em anteriores existências, mas de tudo temos uma intuição, sendo as nossas tendências instintivas uma reminiscência do passado.[32]

Nem mesmo após a desencarnação teremos uma lembrança imediata do passado integral, salvo quando na condição de espíritos maduros, capazes de o suportar sem perturbação.

André Luiz, no livro *No mundo maior*, anota os ensinamentos do Ministro Sânzio:

---

31 *O Livro dos Espíritos*, Allan Kardec, tradução Guillon Ribeiro, FEB, perguntas 329 e seguintes.

32 Idem, pergunta 393.

> [...] À medida que nos demoramos aqui na organização perispirítica, no fiel cumprimento de nossas obrigações para com a Lei, mais se nos dilata o poder mnemônico. Avançando em lucidez, abarcamos mais amplos domínios da memória.[33]

Se a mente guarda profunda e definitivamente todas as experiências do espírito, o cérebro físico e o cérebro do corpo espiritual não são meros canais de passagem dos pensamentos. Suas estruturas complexas revelam que são órgãos especializados e altamente funcionais, cuidadosamente elaborados ao longo do processo evolutivo, sob os auspícios dos dirigentes planetários, à disposição do espírito como importantes aparelhos de manifestação da sua vontade.

Os computadores atuais, cada vez mais potentes e com variadas funções, não deixam de ser "cérebros digitais" sob o controle da mente encarnada que os opera. E a memória é o grande destaque, pois quanto maior, mais dados pode armazenar e mais funções realizar. Mas os computadores possuem duas memórias: a do disco rígido, que guarda a memória de forma permanente; e a memória RAM, de rápido acesso e que podem se perder se não salvas.

Por mera comparação, podemos dizer que nos cérebros físico e perispiritual o espírito tem sua memória RAM, que guarda momentaneamente os dados recentemente recebidos ou com os quais está trabalhando, para assim deles poder se valer mais rapidamente, ao passo que na memória da mente o espírito vai registrando de maneira definitiva as suas experiências.

Tratando do cérebro no livro *Mecanismos da mediunidade*, diz André Luiz:

---

33 *Ação e reação*, André Luiz/FCX, FEB, cap. 7.

> Nas reentrâncias de semelhante cabine, de cuja intimidade a criatura expede as ordens e decisões com que traça o próprio destino, temos, no córtex, os centros da visão, da audição, do tato, do olfato, do gosto, da palavra falada e escrita, da memória e de múltiplos automatismos, em conexão com os mecanismos da mente, configurando os poderes da memória profunda, do discernimento, da análise, da reflexão, do entendimento e dos multiformes valores morais de que o ser se enriquece no trabalho da própria sublimação.[34]

No importante livro intitulado *Pensamento e vida,* Emmanuel define a mente como "o espelho da vida em toda parte" e afirma que "assinalamos, todos nós, os reflexos uns dos outros, dentro da nossa relativa capacidade de assimilação".[35]

Para exteriorizar-se e se comunicar, o espírito dispõe também de um outro corpo: o mental, de cuja essência nada se sabe. É, porém, o sistema ou órgão de conversão da ideia em pensamento e da decodificação dos reflexos externos.

Sobre esse corpo mental, antes das notícias do espírito André Luiz, pela mediunidade abençoada de Francisco Cândido Xavier, o pesquisador espírita Ernesto Bozzano já a ele fizera menção no seu livro *Pensamento e vontade*, apontando estudo da teosofia:

> Vamos aqui resumir o trecho de um livro *(Thought-formes)* de Annie Besant e Leadbeater, para compará-lo depois a uma outra passagem tomada às declarações de um sensitivo clarividente.
>
> Eis o que a respeito diz esses autores:
>
> Todo pensamento cria uma série de vibrações na substância do corpo mental, correspondentes à natureza do mesmo pensamento, e que se combina em maravilhoso jogo de cores, tal

34 *Mecanismos da mediunidade,* André Luiz/FCX, FEB, cap. 9.
35 *Pensamento e vida, Emmanuel*/FCX, editora FEB, cap.1.

> como se dá com as gotículas de água desprendidas de uma cascata, quando atravessadas pelo raio solar, apenas com a diferença de maior vivacidade e delicadeza de tom.
>
> O corpo mental, graças ao impulso do pensamento, exterioriza uma fração de si mesmo, que toma forma correspondente à intensidade vibratória, tal como o pó de licopódio que, colocado sobre um disco sonante, dispõe-se em figuras geométricas, sempre uniformes em relação com as notas musicais emitidas.
>
> Ora, este estado vibratório da fração exteriorizada do corpo mental, tem a propriedade de atrair aí, no meio etéreo, substância sublimada análoga à sua. Assim é que se produz uma forma pensamento, que é, de certo modo, uma entidade animada de intensa atividade, a gravitar em torno do pensamento gerador...[36]

E, segundo André Luiz, o corpo mental é o envoltório sutil da mente e preside a formação do corpo espiritual, assim como este comanda a formação do corpo físico.[37]

Quando trata do fenômeno de ovoidização, André diz o seguinte:

> Nesse período, afirmamos habitualmente que o desencarnado perdeu o seu corpo espiritual, transubstanciando-se num corpo ovoide, o que ocorre, aliás, a inúmeros desencarnados outros, em situação de desequilíbrio, cabendo-nos notar que essa forma, segundo a nossa maneira atual de percepção, expressa o corpo mental da individualidade, a encerrar consigo, conforme os princípios ontogenéticos da Criação Divina, todos os órgãos virtuais de exteriorização da alma, nos círculos terrestres e espirituais, assim como o ovo, aparentemente simples, guarda hoje

36 *Pensamento e vontade*, Ernesto Bozzano, FEB, tópico 'formas do pensamento'.
37 *Evolução em dois mundos*, psicografia de FCX, FEB, cap. II.

> a ave poderosa de amanhã, ou como a semente minúscula, que conserva nos tecidos embrionários a árvore vigorosa em que se transformará no porvir.[38]

Portanto, diferentemente do perispírito, que tem aparência humana e órgãos estruturados à semelhança do corpo físico, o corpo mental seria representado por um envoltório parecido com um ovo do tamanho de uma cabeça, mas guardando na intimidade o seu mecanismo sutil de funcionamento, comparável a uma estação emissora e receptora de ondas e raios.

Podemos, então, deduzir, que o corpo mental também é matéria, ainda que constituído por fluidos extremamente rarefeitos, sem que possamos imaginar os pontos de contato entre a mente e o corpo que lhe serve de veículo.

Oportuno ressaltar que o corpo mental integra o conjunto dos campos fluídicos do espírito, todos inclusos no seu envoltório, ao qual Allan Kardec e outros espíritos denominaram genericamente como perispírito.

E se o perispírito retrata o corpo mental, como leciona André Luiz, e se no corpo mental ficam registradas perenemente todas as experiências e valores do espírito, parece evidente que ele inclusive precede ao perispírito no início do processo evolutivo.

---

38 Idem, cap. XII

7. PENSAMENTO

O PENSAMENTO É O meio pelo qual a mente expressa suas ideias, sensações, emoções e sentimentos. É por ele que, em essência e princípio, os espíritos se comunicam entre si.

Começa a fluir a partir do despertar da consciência no reino animal, num processo lento e para nós não perfeitamente definido.

O que emerge da mente é registrado e elaborado pelo corpo mental, que converte o conteúdo numa onda mental.

Ensinando sobre a natureza do pensamento, diz André Luiz:

> Entretanto, ele ainda é matéria, - a matéria mental, em que as leis de formação das cargas magnéticas ou dos sistemas atômicos prevalecem sob novo sentido, compondo o maravilhoso mar de energia sutil em que todos nos achamos submersos e no qual surpreendemos elementos que transcendem o sistema periódico dos elementos químicos conhecidos no mundo.[39]

E é por ser matéria, ainda que muito sutil, que os espíritos conseguem se comunicar e concretizar suas ideias, realizar coisas. Mas que matéria é essa e como o ser etéreo consegue atuar sobre ela?

André Luiz nos dá a resposta:

---

39 *Mecanismos da mediunidade*, André Luiz/FCX, FEB, cap. 4

> No plano espiritual, o homem desencarnado vai lidar, mais diretamente, com um fluido vivo e multiforme, estuante e inestancável, a nascer-lhe da própria alma, de vez que podemos defini-lo, até certo ponto, por subproduto do fluido cósmico, absorvido pela mente humana, em processo vitalista semelhante à respiração, pelo qual a criatura assimila a força emanante do Criador, esparsa em todo o Cosmo, transubstanciando-a, sob a própria responsabilidade, para influenciar na Criação, a partir de si mesma.
>
> Esse fluido é o seu próprio pensamento contínuo, gerando potenciais energéticos com que não havia sonhado.[40]

Compreendemos, então, que a mente (ou o espírito) absorve uma parcela do fluido universal e o converte em pensamento, assim como dele também se utiliza para constituir o seu perispírito. E o faz num processo muito natural, que André diz ser semelhante à respiração.

Allan Kardec, em *A Gênese*, também já chegara a essa mesma conclusão:

> As propriedades do fluido perispirítico podem nos dar uma ideia. Ele não é de si mesmo inteligente, pois que é matéria, mas é o veículo do pensamento, das sensações e percepções do espírito. O fluido perispiritual não é o pensamento do espírito; é, porém, o agente e o intermediário desse pensamento. Sendo ele que o transmite, fica, de certo modo, impregnado do pensamento transmitido, e na impossibilidade em que nos achamos de isolar o pensamento, a nós parece que ele faz corpo com o fluido, dando a entender que são uma coisa só, como sucede com o som e o ar, de maneira que podemos, a bem dizer, materializá-lo. Assim como dizemos que o ar se torna sonoro, poderíamos, tomando o efeito pela causa, dizer que o fluido se torna inteligente.[41]

---

40 *Evolução em dois mundos*, André Luiz/FCX, FEB, cap. XIII

41 *A Gênese*, Allan Kardec, tradução Guillon Ribeiro, FEB, capítulo II, item 23.

E se o pensamento é matéria, ainda que sutil, ele também é perfeitamente identificável, a exemplo dos nossos conhecidos elementos químicos da tabela periódica.

É o que aprendemos com André Luiz, no livro *Nos domínios da mediunidade*, a propósito de um aparelho espiritual denominado psicoscópio:

> Se o espectroscópio permite ao homem perquirir a natureza dos elementos químicos, localizados a enormes distâncias, através da onda luminosa que arrojam de si, com muito mais facilidade identificamos os valores da individualidade humana pelos raios que emite. A moralidade, o sentimento, a educação e o caráter são claramente perceptíveis, através de ligeira inspeção.[42]

O amigo Hilário quis saber se o aparelho seria capaz de avaliar as condições da médium Celina, e o instrutor Áulus respondeu:

> Perfeitamente ...; assinalar-lhe-ia as emanações fluídicas de bondade e compreensão, fé e bom ânimo. Assim como a ciência na Terra consegue catalogar os elementos químicos que entram nas formações de matéria densa, em nosso campo de matéria rarefeita é possível analisar o tipo de forças sutis que dimanam de cada ser. Mais tarde, o homem poderá examinar uma emissão de otimismo ou de confiança, de tristeza ou desesperação e fixar-lhes a densidade e os limites, como já pode separar e estudar as radiações do átomo de urânio. Os princípios mentais são mensuráveis e merecerão no porvir excepcionais atenções, entre os homens, qual acontece na atualidade com os fotônios, estudados pelos cientistas que se empenham em decifrar a constituição específica da luz.[43]

---

42 *Nos domínios da mediunidade*, André Luiz/FCX, FEB, cap. 2
43 Idem, cap. 3

Manoel Philomeno de Miranda também se refere a um aparelho semelhante, que chamou de psicovibrômetro, instalado num anfiteatro de uma região inferior, explicando como ele funciona:

> À semelhança de um contacto Geiger que detecta a radioatividade, o psicovibrômetro obedece ao mesmo princípio, tendo, porém, as características magnéticas que registram a psicosfera dos que dele se acercam, detectando as vibrações mais suaves que, então disparam a agulha que incide numa "relay" que, por sua vez, comanda um circuito de alarmes espalhados nas dependências adjacentes. [...] Fosse, porém, o inverso, isto é: se o aparelho detectasse vibrações de baixo tom vibratório, nenhuma entidade das que ali se encontravam, desejando violar recintos superiores, poderia sutilizar o padrão da sua psicosfera para criar condição mais elevada.[44]

44 *Nos bastidores da obsessão*, Manoel Philomeno de Miranda/DPF, FEB, cap.6.

8. MECANISMO DO PENSAMENTO

VIMOS QUE O PENSAMENTO é a exteriorização do espírito pelo corpo mental, sendo constituído pelo fluido universal modificado e tendo-o como veículo.

Mas, como ele se propaga?

Kardec expressamente vai dizer que os pensamentos são ondas e raios:

> Sendo os fluidos o veículo do pensamento, este atua sobre os fluidos como o som sobre o ar; eles nos trazem o pensamento, como o ar nos traz o som. Pode-se, pois, dizer, sem receio de errar, que há, nesses fluidos, ondas e raios de pensamentos, que se cruzam sem se confundirem, como há no ar ondas e vibrações sonoras.[45]

Em outras oportunidades o Codificador vai se referir ao pensamento formando uma corrente fluídica, por exemplo, ao discorrer sobre os efeitos da prece:

> O espiritismo torna compreensível a ação da prece, explicando o modo de transmissão do pensamento, quer no caso em que o ser a quem oramos acuda ao nosso apelo, quer no em que apenas lhe chegue o nosso pensamento. Para apreendermos o que ocorre em tal circunstância, precisamos conceber mergulhados

45 *A Gênese*, Allan Kardec, tradução Guillon Ribeiro, FEB, cap. XIV, item 15

> no fluido universal, que ocupa o espaço, todos os seres, encarnados e desencarnados, tal qual nos achamos, neste mundo, dentro da atmosfera. Esse fluido recebe da vontade uma impulsão; ele é o veículo do pensamento, como o ar o é do som, com a diferença de que as vibrações do ar são circunscritas, ao passo que as do fluido universal se estendem ao infinito. Dirigido, pois, o pensamento para um ser qualquer, na Terra ou no espaço, de encarnado para desencarnado, ou vice-versa, uma corrente fluídica se estabelece entre um e outro, transmitindo de um ao outro o pensamento, como o ar transmite o som.[46]

Estudando os milagres do Evangelho, diz Kardec:

> Muitas vezes, supondo que um pensamento se acha sepultado nos refolhos da alma, o homem não suspeita que traz em si um espelho onde se reflete aquele pensamento, um revelador na sua própria irradiação fluídica, impregnada dele. Se víssemos o mecanismo do mundo invisível que nos cerca, as ramificações dos fios condutores do pensamento, a ligarem todos os seres inteligentes, corporais e incorpóreos, os eflúvios fluídicos carregados das marcas do mundo moral, os quais, como correntes aéreas, atravessam o espaço, muito menos surpreendidos ficaríamos diante de certos efeitos que a ignorância atribui ao acaso.[47]

Maravilhosa a dedução do Codificador, convidando-nos a imaginar as correntes dos pensamentos a fluírem pelo espaço invisível, interligando todos os espíritos, encarnados ou desencarnados, isso em meados do século XIX, quando ainda não fora inventado nem o telégrafo sem fio e num tempo distante da televisão, da internet, dos celulares e computadores atuais.

---

46 *O Evangelho segundo o Espiritismo*, Allan Kardec, tradução Guillon Ribeiro, FEB, cap. 27, item 10.

47 Idem, cap. XV, item 9.

Hoje a ciência já admite que o nosso mundo aparentemente concreto é, em verdade, um mundo de ondas, vibrações e partículas, permitindo-nos concluir que, com mais razão de ser, também o é o mundo espiritual em que todos estamos mergulhados.

André Luiz comenta a respeito, em sintonia com Kardec:

> Desde então, a mecânica ondulatória instalou-se na ciência, em definitivo.
>
> Mais da metade do Universo foi reconhecido como um reino de oscilações, restando a parte constituída de matéria igualmente suscetível de converter-se em ondas de energia.
>
> O mundo material como que desapareceu, dando lugar a tecido vasto de corpúsculos em movimento, arrastando turbilhões de ondas em frequências inumeráveis, cruzando-se em todas as direções, sem se misturarem.
>
> O homem passou a compreender, enfim, que a matéria é simples vestimenta das forças que o servem nas múltiplas faixas da Natureza e que todos os domínios da substância palpável podem ser plenamente analisados e explicados em linguagem matemática, embora o plano das causas continue para ele indevassado, tanto quanto para nós, as criaturas terrestres temporariamente apartadas da vida física.[48]

No livro *Mecanismos da mediunidade*, afirma:

> [...] da matéria mental dos seres criados, estudamos o pensamento ou fluxo energético do campo espiritual de cada um deles, a se graduarem nos mais diversos tipos de onda, desde os raios superultracurtos, em que se exprimem as legiões angélicas, através de processos ainda inacessíveis à nossa observação, passando pelas oscilações curtas, médias e longas em que

48 *Mecanismos da mediunidade*, André Luiz/FCX, FEB, cap. 3.

> se exterioriza a mente humana, até as ondas fragmentárias dos animais, cuja vida psíquica, ainda em germe, somente arroja de si determinados pensamentos ou raios descontínuos.[49]

Logo a seguir, nosso irmão vai nos informar sobre as características da onda mental, afirmando-a também sujeita às "leis de formação das cargas magnéticas ou dos sistemas atômicos", mas com características diferenciadas daquelas conhecidas pela ciência humana.

Diz ele:

> Temos, ainda aqui, as formações corpusculares, com bases nos sistemas atômicos em diferentes condições vibratórias, considerando os átomos, tanto no plano físico, quanto no plano mental, como associações de cargas positivas e negativas.
>
> Isso nos compele naturalmente a denominar tais princípios de "núcleos, prótons, nêutrons, pósitrons, elétrons ou fótons mentais", em vista da ausência de terminologia analógica para estruturação mais segura de nossos apontamentos.[50]

As explicações de André Luiz podem ser melhor compreendidas quando estudamos o fenômeno da luz, que hoje se sabe ser também constituída de corpúsculos ou os chamados fótons, graças aos estudos de Max Planck, Einstein e outros cientistas.

Pesquisa na Wikipedia informa que "um feixe de luz são pequenos pacotes de energia e estes são os fótons"; também se afirma "que quando a luz se propaga no espaço, ela se comporta como onda, mas quando incide sobre uma superfície, passa a se comportar como partícula".[51]

---

49 *Mecanismos da mediunidade*, André Luiz/FCX, FEB, cap. 4.

50 Idem.

51 Site: https://pt.wikipedia.org/wiki/Luz

A onda mental funciona à semelhança, carregando consigo pequenos pacotes de vibrações, "corpúsculos" que levam informações produzidas pelo espírito que as gerou. O pensamento então propaga-se na forma de uma onda, mas quando alcança outros seres ou um meio qualquer se converte em dados (informações) ou partículas.

Ela se espraia como a luz natural, à semelhança dos raios do sol ou da chama de uma vela que alcança todo o espaço ao seu redor; mas também pode ser polarizada, a exemplo do raio laser, que é luz concentrada e direcionada para um ponto específico e objetivo certo.

Graças aos avanços da tecnologia, podemos fazer uma ideia das possibilidades do pensamento, uma vez que os televisores, computadores e celulares, que também funcionam com ondas eletromagnéticas, transmitem e recebem textos, áudios, imagens e vídeos. Essas ondas podem ser captadas por um aparelho ou por milhares, dependendo de estarem sintonizados na mesma frequência.

Tratando da ubiquidade em *O Livro dos Espíritos*, Kardec anotou:

> Cada espírito é uma unidade indivisível, mas cada um pode lançar seus pensamentos para diversos lados, sem que se fracione para tal efeito. Nesse sentido unicamente é que se deve entender o dom da ubiquidade atribuído aos espíritos. Dá-se com eles o que se dá com uma centelha, que projeta longe a sua claridade e pode ser percebida de todos os pontos do horizonte; ou, ainda, o que se dá com um homem que, sem mudar de lugar e sem se fracionar, transmite ordens, sinais e movimento a diferentes pontos.[52]

52 *O Livro dos Espíritos*, Allan Kardec, tradução Guillon Ribeiro, FEB, pergunta 92.

Em *O Livro dos Médiuns*, sobre se um espírito poderia atender evocações simultâneas, diz:

> Pode, se for um espírito elevado.
>
> [...] O pensamento do espírito é como uma centelha que projeta longe a sua claridade e pode ser vista de todos os pontos do horizonte. Quanto mais puro é o espírito tanto mais o seu pensamento se irradia e se estende, como a luz. Os espíritos inferiores são muito materiais; não podem responder senão a uma única pessoa de cada vez, nem vir a um lugar, se são chamados em outro.[53]

53 *O Livro dos Médiuns*, Allan Kardec, tradução Guillon Ribeiro, FEB, cap. 25.

9. PENSAMENTO FRAGMENTÁRIO E CONTÍNUO

QUERO AGORA RETOMAR UM pouco a questão da evolução do pensamento.

A conquista do pensamento só foi possível porque o princípio inteligente adquiriu a organização no reino mineral e a memória, no reino vegetal. Sem organização não era possível estruturar a memória; sem a memória não tem como se armazenar informações; e sem informações o espírito não pode elaborar ideias e nem as expressar pelo pensamento.

Aportando no reino animal superior, com os cérebros físico e perispiritual mais desenvolvidos, o princípio inteligente não apenas prosseguiu acumulando propriedades e informações, mas também começou a exteriorizar o próprio conteúdo e assim se comunicar com os semelhantes ou outros seres, inclusive com os humanos.

Na questão 593 de *O Livro dos Espíritos*, Allan Kardec quer saber dos espíritos superiores se os animais agem apenas por instinto, e a resposta foi:

> Ainda aí há um sistema. É verdade que na maioria dos animais domina o instinto. Mas, não vês que muitos obram denotando acentuada vontade? É que têm inteligência, porém limitada.

E o Codificador comentou:

> Não se poderia negar que, além de possuírem o instinto, alguns animais praticam atos combinados, que denunciam vontade de operar em determinado sentido e de acordo com as circunstâncias.
>
> Há, pois, neles, uma espécie de inteligência, mas cujo exercício quase que se circunscreve à utilização dos meios de satisfazerem as suas necessidades físicas e de proverem à conservação própria.

Na questão seguinte Kardec pergunta se os animais têm alguma linguagem, sendo-lhe respondido:

> Se vos referis a uma linguagem formada de sílabas e palavras, não. Meio, porém, de se comunicarem entre si, têm. Dizem uns aos outros muito mais coisas do que imaginais. Mas, essa mesma linguagem de que dispõem é restrita às necessidades, como restritas também são as ideias que podem ter.

Mas na introdução de *O Livro dos Espíritos*, Kardec já adiantara dizendo que espécies orgânicas diferentes das humanas têm pensamentos, embora somente estas tenham vida moral:

> [...] a inteligência e o pensamento são faculdades próprias de certas espécies orgânicas; finalmente, que entre as espécies orgânicas dotadas de inteligência e de pensamento há uma dotada também de um senso moral especial, que lhe dá incontestável superioridade sobre as outras: a espécie humana.[54]

Claro está que os animais são capazes de ter ideias e pensamentos, ainda que limitados, especialmente para atendimento de suas necessidades.

---

54 *O Livro dos Espíritos*, Allan Kardec, tradução Guillon Ribeiro, FEB, introdução.

André Luiz, em *Evolução em dois mundos*, chama as ideias dos animais de "ideias-relâmpagos" ou "ideias-fragmentos".[55]

É que as almas dos animais estão no início do desenvolvimento da consciência e ainda aprendendo a elaborar pensamentos. O instinto ajuda na sobrevivência das espécies, mas determinadas ações individuais já indicam uma inteligência à parte, própria das suas mentes.

A incipiência mental, ajustada naturalmente a um cérebro menos aparelhado, é capaz de lançar apenas pensamentos fragmentários, como se fosse, por exemplo, uma torneira que pinga de vez em quando. Essas ideias-fragmentos ou pensamentos-fragmentos variam em graus, mas se destacam mais em algumas espécies, que André Luiz nomeia como sendo o cão e o macaco, o gato e o elefante, o muar e o cavalo.[56]

Graças a essa inteligência rudimentar, agora capaz de ter lampejos de ideias, o animal consegue estabelecer uma comunicação com os demais seres, através de uma linguagem própria para cada espécie, possível pelas modificações nos órgãos de fonação implementadas pela ação dos espíritos encarregados dos destinos da Humanidade.

Assim se expressa André Luiz:

> Aperfeiçoando as engrenagens do cérebro, o princípio inteligente sentiu a necessidade de comunicação com os semelhantes e, para isso, a linguagem surgiu entre os animais, sob o patrocínio dos Gênios Veneráveis que nos presidem a existência. De início, o fonema e a mímica foram os processos indispensáveis ao intercâmbio de impressões ou para o serviço de defesa, como, por exemplo, o silvo de vários répteis, o coaxar dos batráquios, as manifestações sonoras das aves e o mimetismo de

55 *Evolução em dois mundos*, André Luiz/FCX, FEB, cap. X.

56 Idem, cap. XVIII.

> alguns insetos e vertebrados, a se modificarem subitamente de cor, preservando-se contra o perigo.
>
> Contudo, à medida que se lhe acentuava a evolução, a consciência fragmentária investia-se na posse de mais amplos recursos.
>
> O lobo grita pelos companheiros na sombra noturna, o gato encolerizado mostra fúria característica, miando raivosamente, o cavalo relincha de maneira particular, expressando alegria ou contrariedade, a galinha emite interjeições adequadas para anunciar a postura, acomodar a prole, alimentar os pintainhos ou rogar socorro quando assustada, e o cão é quase humano, em seus gestos de contentamento e em seus ganidos de dor.[57]

Aliás, cada vez mais as pesquisas científicas vão dando conta de que os animais possuem mesmo variadas habilidades cognitivas e alguns são, inclusive, capazes de se perceberem como individualidade. Conhecida é a história da falecida gorila Koko, que aprendeu a linguagem de sinais, com um vocabulário de mais de mil sinais e a capacidade de compreender duas mil palavras do inglês falado.[58]

A palavra articulada, porém, só vai aparecer mesmo na espécie humana, ainda muito lentamente, pela intervenção dos dirigentes espirituais nos órgãos vocais do perispírito, a se replicarem no corpo físico. A utilização sistemática da voz e da palavra é que ensejará ao espírito a conquista do pensamento contínuo, como nos explica André Luiz:

---

57 *Evolução em dois mundos*, André Luiz/FCX, FEB, cap. X.

58 https://www.nationalgeographicbrasil.com/animais/2018/06/relembre-trajetoria-da-gorila-koko-famosa-por-se-comunicar-por-sinais

> Com o exercício incessante e fácil da palavra, a energia mental do homem primitivo encontra insopitável desenvolvimento, por adquirir gradativamente a mobilidade e a elasticidade imprescindíveis à expansão do pensamento que, então, paulatinamente, se dilata, estabelecendo no mundo tribal todo um oceano de energia sutil, em que as consciências encarnadas e desencarnadas se refletem, sem dificuldade, umas às outras.
>
> [...]
>
> Pela compreensão progressiva entre as criaturas, por intermédio da palavra que assegura o pronto intercâmbio, fundamenta-se no cérebro o pensamento contínuo e, por semelhante maravilha da alma, as ideias-relâmpagos ou as ideias-fragmentos da crisálida de consciência, no reino animal, se transformam em conceitos e inquirições, traduzindo desejos e ideias de alentada substância íntima.[59]

O pensamento contínuo seria então o fluxo de água a escorrer permanentemente de uma torneira. Desde então, não mais seria possível ao espírito sopitá-lo, mas deveria aprender a desenvolvê-lo constantemente para o bem, tornando-se responsável pelos seus atos.

O pensamento humano, no entanto, tem um fluxo maior ou menor, dependendo dos interesses e da concentração do espírito para determinado objetivo ou tarefa. Como o pensamento é substância, o intenso esforço mental acarreta certo esgotamento, exigindo daqueles menos evoluídos um tempo para refazimento, em atividades de lazer ou outras que não exijam tanto.

Tratando da fadiga dos desencarnados, os espíritos responderam a Kardec:

---

59 *Evolução em dois mundos*, André Luiz/FCX, FEB, cap. X.

> [...] Quer isto dizer que momentos há em que o seu pensamento deixa de ser tão ativo quanto de ordinário e não se fixa em qualquer objeto determinado. É um verdadeiro repouso, mas de nenhum modo comparável ao do corpo. A espécie de fadiga que os espíritos são suscetíveis de sentir guarda relação com a inferioridade deles. Quanto mais elevados sejam, tanto menos precisarão de repousar.[60]

Podemos anotar, por fim, a existência de seres que se encontram entre os animais e os humanos primitivos, e que são chamados de "elementais", cujos pensamentos medeiam entre os fragmentários e os contínuos, como André Luiz esclarece no livro *Obreiros da vida eterna*:

> O Instrutor, todavia, esclareceu, discreto:
>
> - Guarda as perguntas intempestivas no momento. Estamos numa colônia purgatorial de vasta expressão. Quem não cumpre aqui dolorosa penitência regenerativa, pode ser considerado inteligência sub-humana. Milhares de criaturas, utilizadas nos serviços mais rudes da natureza, movimentam-se nestes sítios em posição infraterrestre. A ignorância, por ora, não lhes confere a glória da responsabilidade. Em desenvolvimento de tendências dignas, candidatam-se à humanidade que conhecemos na Crosta. Situam-se entre o raciocínio fragmentário do macacoide e a ideia simples do homem primitivo na floresta. Afeiçoam-se a personalidades encarnadas ou obedecem, cegamente, aos espíritos prepotentes que dominam em paisagens como esta. Guardam, enfim, a ingenuidade do selvagem e a fidelidade do cão. O contacto com certos indivíduos inclina-os ao bem ou ao mal e somos responsabilizados pelas Forças Superiores que nos

60 *O Livro dos Espíritos*, Allan Kardec, tradução Guillon Ribeiro, FEB, questão 254.

> governam, quanto ao tipo de influência que exercermos sobre a mente infantil de semelhantes criaturas.[61]

Allan Kardec refere-se a essas entidades quando trata da ação dos espíritos sobre os fenômenos da natureza, nos quais elas desempenham diversas funções.

Dizem os espíritos superiores:

> [...] Pois bem, do mesmo modo, os espíritos mais atrasados oferecem utilidade ao conjunto. Enquanto se ensaiam para a vida, antes que tenham plena consciência de seus atos e estejam no gozo pleno do livre-arbítrio, atuam em certos fenômenos, de que inconscientemente se constituem os agentes. Primeiramente, executam. Mais tarde, quando suas inteligências já houverem alcançado um certo desenvolvimento, ordenarão e dirigirão as coisas do mundo material. Depois, poderão dirigir as do mundo moral.[62]

Dessa forma, portanto, vemos a mente, muito vagarosamente, aprimorando a sua capacidade de refletir-se no universo pelo pensamento, até que um dia possa refletir em plenitude a vontade de Deus.

---

61 *Obreiros da vida eterna*, André Luiz/FCX, FEB, cap. 4.

62 *O Livro dos Espíritos*, Allan Kardec, tradução Guillon Ribeiro, FEB, questão 540.

10. FORÇA DO PENSAMENTO

JÁ APRENDEMOS QUE O pensamento é uma onda ou um raio exteriorizado pela mente. Vejamos de que natureza, no ensinamento de André Luiz:

> O espírito, encarnado ou desencarnado, na essência, pode ser comparado a um dínamo complexo, em que se verifica a transubstanciação do trabalho psicofísico em forças mentoeletromagnéticas, forças essas que guardam consigo, no laboratório das células em que circulam e se harmonizam, a propriedade de agentes emissores e receptores, conservadores e regeneradores de energia.
>
> Para que nos façamos mais simplesmente compreendidos, imaginemo-lo como sendo um dínamo gerador, indutor, transformador e coletor, ao mesmo tempo, com capacidade de assimilar correntes contínuas de força e exteriorizá-las simultaneamente.[63]

Necessário lembrar que a terminologia utilizada por André é mera comparação com a da física ou da química das ciências humanas, pela falta de termos adequados para expressar os fenômenos do mundo espiritual, mas disso ele se valeu para que possamos fazer pelo menos alguma ideia dos seus mecanismos.

Também devemos considerar que os estudos apresentados pelo nosso irmão são compatíveis com os conhecimentos acumulados até a metade do século passado e desde então as

63 *Mecanismos da mediunidade*, André Luiz/FCX, FEB, cap. 5.

ciências físicas avançaram muito, especialmente com a teoria quântica, embora, ainda, os cientistas continuem a discutir sobre as reais propriedades da matéria e da energia e sua interação no Universo.

Daí as dificuldades em se entender ou aceitar as informações de André Luiz, alguns considerando-as inadequadas. Não obstante, no geral, grande foi sua contribuição à nossa compreensão sobre o pensamento.

Assim, ao dizer que o pensamento é uma força mentoeletromagnética ele aponta a sua natureza fluídica, sem que necessariamente a onda mental tenha a mesma dinâmica de uma onda material, uma vez que esta se propaga num meio físico ou no que a ciência chama de vácuo, ao passo que aquela oscila no fluido cósmico.

No entanto, os conceitos de comprimento, amplitude, frequência e período igualmente se ajustam às ondas mentais.

Uma onda eletromagnética surge inicialmente pelo movimento de cargas elétricas, produzido por uma fonte geradora, por exemplo, um motor. Essa agitação da carga elétrica vai gerar um campo elétrico, que por sua vez faz surgir um campo magnético, que em seguida gera um novo campo elétrico, e assim sucessivamente, daí dizer-se que essa alternância de campos produz uma corrente ou onda eletromagnética.

A frequência e o comprimento dessa onda estão diretamente ligados ao potencial da fonte geradora e a frequência é inversamente proporcional ao comprimento da onda. Maior o comprimento, mais baixa é a frequência, e vice e versa.

Esses são conceitos que o leitor poderá facilmente encontrar nos livros de física ou na internet.

Assim, diz nosso irmão sobre o gerador e o tipo de onda que produz:

> Fina vara tangendo as águas de um lago provocará ondas pequenas, ao passo que a tora de madeira, arrojada ao lençol

> líquido, traçará ondas maiores. Um contrabaixo lançá-las-á muito longas. Um flautim desferi-las-á muito curtas.[64]

Com base nisso, faz uma comparação com as emissões mentais dos espíritos, conforme o tópico que anteriormente já citei e repito por estar no contexto:

> [...] estudamos o pensamento ou fluxo energético do campo espiritual de cada um deles, a se graduarem nos mais diversos tipos de onda, desde os raios superultracurtos, em que se exprimem as legiões angélicas, através de processos ainda inacessíveis à nossa observação, passando pelas oscilações curtas, médias e longas em que se exterioriza a mente humana, até as ondas fragmentárias dos animais, cuja vida psíquica, ainda em germe, somente arroja de si determinados pensamentos ou raios descontínuos.[65]

Mais adiante, diz ele sobre a matéria mental:

> Em posição vulgar, acomodados às impressões comuns da criatura humana normal, os átomos mentais inteiros, regularmente excitados, na esfera dos pensamentos, produzirão ondas muito longas ou de simples sustentação da individualidade, correspondendo à manutenção de calor. Se forem os elétrons mentais, nas órbitas dos átomos da mesma natureza, a causa da agitação, em estados menos comuns da mente, quais seriam os de atenção ou tensão pacífica, em virtude de reflexão ou oração natural, o campo dos pensamentos exprimir-se-á em ondas de comprimento médio ou de aquisição de experiência, por parte da alma, correspondendo à produção de luz interior. E se a excitação nasce

64 Idem, cap. 1.
65 Idem, cap. 4

> dos diminutos núcleos atômicos, em situações extraordinárias da mente, quais sejam as emoções profundas, as dores indizíveis, as laboriosas e aturadas concentrações de força mental ou as súplicas aflitivas, o domínio dos pensamentos emitirá raios muito curtos ou de imenso poder transformador do campo espiritual, teoricamente semelhantes aos que se aproximam dos raios gama.[66]

Em palavras mais simples, o que o nosso irmão quer dizer é que mesmo os espíritos medianos - a maioria entre nós - podem produzir ondas de variados comprimentos dependendo do estado mental, que podemos resumir:

> Pensamentos vulgares, comuns → ondas muito longas, de sustentação da vida ou manutenção do calor → agitação dos átomos inteiros.
>
> Pensamentos de maior atenção ou tensão pacífica, decorrentes de reflexão ou oração → ondas de comprimento médio, ou de aquisição de experiência e *Iluminação Interior* → agitação dos elétrons nas órbitas dos átomos.
>
> Pensamentos em situações extraordinárias, por causa de emoções profundas, grandes dores, forte concentração mental ou súplicas aflitivas → ondas supercurtas ou poderosas, semelhantes aos raios gamas → excitação das partículas do núcleo atômico.

Para compararmos o poder de uma onda supercurta, basta nos recordarmos de que as cidades japonesas de Hiroshima e Nagasaki foram completamente destruídas por bombas nucleares, com a detonação do núcleo dos átomos de urânio. Dizem, porém, que a bomba atômica do hidrogênio seria 6 mil vezes mais poderosa.

---

66 Idem.

11. AÇÃO DO PENSAMENTO NO MUNDO ESPIRITUAL

ENSINA ALLAN KARDEC:

> Os fluidos espirituais, que constituem um dos estados do fluido cósmico universal, são, a bem dizer, a atmosfera dos seres espirituais; o elemento donde eles tiram os materiais sobre que operam; o meio onde ocorrem os fenômenos especiais, perceptíveis à visão e à audição do espírito, mas que escapam aos sentidos carnais, impressionáveis somente à matéria tangível; o meio onde se forma a luz peculiar ao mundo espiritual, diferente, pela causa e pelos efeitos da luz ordinária; finalmente, o veículo do pensamento, como o ar o é do som.
>
> Os espíritos atuam sobre os fluidos espirituais, não manipulando-os como os homens manipulam os gases, mas empregando o pensamento e a vontade. Para os espíritos, o pensamento e a vontade são o que é a mão para o homem. Pelo pensamento, eles imprimem àqueles fluidos tal ou qual direção, os aglomeram, combinam ou dispersam, organizam com eles conjuntos que apresentam uma aparência, uma forma, uma coloração determinadas; mudam-lhes as propriedades, como um químico muda a dos gases ou de outros corpos, combinando-os segundo certas leis. É a grande oficina ou laboratório da vida espiritual.[67]

67 *A Gênese*, Allan Kardec, tradução Guillon Ribeiro, FEB, cap. XIV, itens 13 e 14.

E ainda:

> Dentro da relatividade de tudo, esses fluidos têm para os espíritos, que também são fluídicos, uma aparência tão material quanto a dos objetos tangíveis para os encarnados e são, para eles, os espíritos, o que são para nós as substâncias do mundo terrestre. Os espíritos os elaboram e combinam para produzirem determinados efeitos, como fazem os homens com os seus materiais, ainda que por processos diferentes.[68]

Não poderia ser mais claro. Todos estamos mergulhados no fluido cósmico como peixes no oceano. Para os espíritos desencarnados, esse fluido é a matéria sobre a qual eles atuam pelo pensamento, para viver, cocriar e progredir.

Nosso planeta, assim como qualquer outro, as estrelas e galáxias são obras dos espíritos superiores, que agem em nome de Deus. A Terra é um complexo de esferas, ou faixas concêntricas, das mais grosseiras (que chamamos de mundo material) até as mais rarefeitas (que chamamos de mundo espiritual), que se interpenetram como camadas não bem delimitadas. Nesse conjunto maravilhoso e ainda não plenamente conhecido, a crosta, subsolo e mares constituem apenas a porção visível aos nossos olhos.

Dessa maneira, o mundo dos espíritos não é à parte, mas um plano de diferentes vibrações, de substâncias mais sutis que Allan Kardec denominou de fluidos, e esse mundo ocupa toda a atmosfera da Terra. Desencarnados e encarnados estão constantemente em relação e constituem uma mesma Humanidade. Veremos, mais adiante, como o pensamento é indispensável nessa comunicação.

Na sua obra *Evolução em dois mundos*, diz André Luiz sobre a ação dos espíritos na formação das estrelas e planetas:

---

68 Idem, item 3.

> [...] ao influxo do próprio Senhor Supremo, operam as Inteligências Divinas a Ele agregadas, em processo de comunhão indescritível... Essas Inteligências Gloriosas tomam o plasma divino e convertem-no em habitações cósmicas, de múltiplas expressões, radiantes ou obscuras, gaseificadas ou sólidas, obedecendo a leis predeterminadas, quais moradias que perduram por milênios e milênios, mas que se desgastam e se transformam, por fim, de vez que o espírito Criado pode formar ou cocriar, mas só Deus é o Criador de Toda a Eternidade.[69]

E discorrendo sobre as esferas espirituais, diz:

> Muitos comunicantes da Vida Espiritual têm afirmado, em diversos países, que o plano imediato à residência dos homens jaz subdividido em várias esferas. Assim é, com efeito, não do ponto de vista do espaço, mas sim sob o prisma de condições, qual ocorre no globo de matéria mais densa, cujo dorso o homem pisa orgulhosamente.[70]

Portanto, quando os espíritos se referem a esferas, querem mais dizer faixas vibratórias concêntricas com características próprias em relação à natureza, constituição, densidade, ocupantes e condições de vida.

O fato de o plano espiritual ser fluídico não significa que não tenha uma consistência, que os espíritos pairem no ar como seres alados ou possuam moradas nas nuvens.

Quanto a isso não se tem dúvida, tendo em vista a coincidência das informações oferecidas por vários espíritos, pelas mãos de vários médiuns.

---

69 *Evolução em dois mundos*, André Luiz/FCX, FEB, cap. 1.

70 Idem, cap. 13.

Vamos citar apenas o relato do espírito André Luiz, inserido logo na sua primeira obra, *Nosso Lar*, na qual relata sua surpresa por se encontrar numa cidade espiritual com as características de uma cidade da Terra, com ruas, edifícios, parques, árvores.

Anota ele as explicações recebidas de Lísias:

> A morte do corpo não conduz o homem a situações miraculosas. Todo processo evolutivo implica gradação. Há regiões múltiplas para os desencarnados, como existem planos inúmeros e surpreendentes para as criaturas envolvidas de carne terrestre.
>
> [...]
>
> Os planos vizinhos da esfera terráquea possuem, igualmente, natureza específica. "*Nosso Lar*" é antiga fundação de portugueses distintos, desencarnados no Brasil, no século XVI. A princípio, enorme e exaustiva foi a luta, segundo consta em nossos arquivos no Ministério do Esclarecimento. Há substâncias ásperas nas zonas invisíveis à Terra, tal como nas regiões que se caracterizam pela matéria grosseira. Aqui também existem enormes extensões de potencial inferior, como há, no planeta, grandes tratos de natureza rude e incivilizada. Os trabalhos primordiais foram desanimadores, mesmo para os espíritos fortes. Onde se congregam hoje vibrações delicadas e nobres, edifícios de fino lavor, misturavam-se as notas primitivas dos silvícolas do país e as construções infantis de suas mentes rudimentares.[71]

Cada esfera tem uma vibração específica, uma densidade que se torna mais sutil na medida em que se afasta da crosta. Disso resulta que a matéria espiritual oferece certa resistência a todos os espíritos que possuam densidade perispiritual semelhante, não lhes sendo possível acessar regiões superiores, a não ser sob o

71 *Nosso Lar*, André Luiz/FCX, FEB, cap. 7 e 8.

amparo de espíritos mais superiores, que, por sua vez, movimentam-se naturalmente nas esferas abaixo.

Assim como organizaram a natureza mais grosseira, desde o início da formação do planeta, os espíritos superiores subordinados a Jesus também estruturaram as esferas fluídicas para a morada dos desencarnados, os quais, conforme as suas possibilidades evolutivas, igualmente são cocriadores em plano menor.

Sejam superiores ou inferiores, no mundo espiritual o instrumento de ação sobre os fluidos é o pensamento, pelo qual agregam, modelam, dão qualidades e desagregam. Pode ajudar na compreensão da ação do pensamento (lembrando que é uma onda assemelhada à onda eletromagnética) a comparação com o raio laser (um raio de luz concentrada, que é uma onda eletromagnética), cuja aplicação é a mais variada, sendo utilizado em cirurgias na medicina e também para cortar materiais.

Precisamos, porém, fazer uma ressalva.

É certo que o pensamento é instrumento de ação dos espíritos sobre os fluidos em geral, mas isso não significa que os desencarnados se utilizam apenas do pensamento e que seus braços e mãos são meros apêndices dos seus perispíritos.

A literatura espírita é recheada de informações no sentido de que as mãos igualmente são utilizadas na manipulação dos fluidos, porque nesse caso os espíritos se encontram em meio de igual densidade.

Vejamos:

Do livro *Nos domínios da mediunidade*, no capítulo Efeitos físicos:

> Terminado que foi o trabalho medicamentoso, um risonho companheiro de nossa esfera tomou pequena porção das forças materializantes do médium sobre as mãos e afastou-se para trazer, daí a instante, algumas flores que foram distribuídas com os irmãos encarnados, no intuito de sossegar-lhes a mente excitadiça.[72]

---

72 *Nos domínios da mediunidade*, André Luiz/FCX, FEB.

Do livro *Missionários da luz*, no capítulo O passe, no tópico em que o instrutor Anacleto atende uma irmã:

> Indicou o coração de carne da irmã presente e continuou:
>
> - Esta amiga, na manhã de hoje, teve sérios atritos com o esposo, entrando em grave posição de desarmonia íntima. A pequena nuvem que lhe cerca o órgão vital representa matéria mental fulminatória. A permanência de semelhantes resíduos no coração pode ocasionar-lhe perigosa enfermidade. Atendamos ao caso.
>
> Sempre sob minha observação, Anacleto assumiu nova atitude, dando-me a entender que ia favorecer suas expansões irradiantes e, em seguida, começou a atuar por imposição. Colocou a mão direita sobre o epigástrio da paciente, na zona inferior do esterno e, com surpresa, notei que a destra, assim disposta, emitia sublimes jatos de luz que se dirigiam ao coração da senhora enferma, observando-se nitidamente que os raios de luminosa vitalidade eram impulsionados pela força inteligente e consciente do emissor. Assediada pelos princípios magnéticos, postos em ação, a reduzida porção de matéria negra, que envolvia a válvula mitral, deslocou-se vagarosamente e, como se fora atraída pela vigorosa vontade de Anacleto, veio aos tecidos da superfície, espraiando-se sob a mão irradiante, ao longo da epiderme. Foi então que o magnetizador espiritual iniciou o serviço mais ativo do passe, alijando a maligna influência. Fez o contacto duplo sobre o epigástrio, erguendo ambas as mãos e descendo-as, logo após, morosamente, através dos quadris até os joelhos, repetindo o contacto na região mencionada e prosseguindo nas mesmas operações por diversas vezes. Em poucos instantes, o organismo da enferma voltou à normalidade.[73]

---

73 *Missionários da luz*, André Luiz/FCX, FEB.

Graças à ação dos seus pensamentos e conforme seus desejos e ideias, os espíritos manipulam o fluido elementar e elaboram as cidades ou postos de trabalho, com seus prédios, objetos e aparelhos da vida comum, cultivam jardins e pomares, constroem veículos e aeronaves, confeccionam roupas e adereços, alimentos etc.

Kardec, em *A Gênese*, também se referiu a isso:

> Por análogo efeito, o pensamento do espírito cria fluidicamente os objetos que ele esteja habituado a usar. Um avarento manuseará ouro, um militar trará suas armas e seu uniforme, um fumante o seu cachimbo, um lavrador a sua charrua e seus bois, uma mulher velha a sua roca. Para o espírito, que é, também ele, fluídico, esses objetos fluídicos são tão reais, como o eram, no estado material, para o homem vivo; mas, pela razão de serem criações do pensamento, a existência deles é tão fugitiva quanto a deste.[74]

Por óbvio, a qualidade das coisas espirituais depende da elevação dos espíritos. Os superiores as fazem mais aperfeiçoadas e belas e as formações dos inferiores são grosseiras, assim como um exímio pianista executa música mais melodiosa do que consegue um mero aprendiz.

Nesse aspecto, interessante situação é narrada por André Luiz no livro *Obreiros da vida eterna*, quando ele é convidado a contribuir na criação de um quadro em homenagem a importante entidade superior chamada Asclépios, que iria se materializar numa câmara de cristal.

A narrativa começa com a orientação do instrutor a André e outros companheiros:

---

74 *A Gênese*, Allan Kardec, tradução Guillon Ribeiro, FEB, cap. XIV, item 14.

> – Projetemos nossas forças mentais sobre a tela cristalina. O quadro a formar-se constará de paisagem simbólica, em que águas mansas, personificando a paz, alimentem vigorosa árvore, a representar a vida. Assumirei a responsabilidade da criação do tronco, enquanto os chefes das missões entrelaçarão energias criadoras fixando o lago tranquilo. E dirigindo-se especialmente a nós outros, os colaboradores mais humildes, acrescentou:
>
> – Formarão vocês a veste da árvore e a vegetação que contornará as águas serenas, bem como as características do trecho de firmamento que deverá cobrir a pintura mental.
>
> [...]
>
> Fornecido o sinal de interrupção, retomei a postura natural de quem observa, a fim de examinar os resultados da experiência, e contemplei, oh! maravilha!... Jazia o gabinete fundamente transformado. Águas de indefinível beleza e admirável azul-celeste refletiam uma nesga de firmamento, banhando as raízes de venerável árvore, cujo tronco dizia, em silêncio, da própria grandiosidade. Miniaturas prodigiosas de cúmulos e nimbos estacionavam no céu, parecendo pairar muito longe de nós... As bordas do lago, contudo, figuravam-se quase nuas e os galhos do tronco apresentavam-se vestidos escassamente.[75]

André Luiz teve mais um tempo e então, por fim, conseguiu bom resultado, empregando mais energia mental e mais presteza na criação das flores e das ramagens.

No livro *Libertação*, André Luiz acompanha o instrutor Gúbio às regiões inferiores para iniciar um trabalho de desobsessão e observa, ao reverso da situação acima descrita, um ambiente degradante, povoado de espíritos com características deprimentes, alienados mentais, com fisionomias torturadas.

---

75 *Obreiros da vida eterna*, André Luiz/FCX, FEB, cap. III.

Diz ele:

> O Instrutor informou-nos, então, com muito acerto, de que as mentes extraviadas, de modo geral, lutam com ideias fixas, implacáveis e obcecantes, gastando longo tempo a fim de se reajustarem. Rebaixadas pelas próprias ações, perdem a noção do bomgosto, do conforto construtivo, da beleza santificante e se entregam a lastimável relaxamento.
>
> Com efeito, a paisagem, sob o ponto de vista de ordem, deixava muito a desejar. As edificações, excetuados os palácios da praça governativa, onde se notava a movimentação de grande massa de escravos, desapontavam pelo aspecto e condições em que se mantinham. As paredes, revestidas de substância semelhante ao lodo, mostravam-se repelentes não só à visão, mas também ao olfato, pelas exalações desagradáveis.
>
> A vegetação, em todos os ângulos, era escassa e mirrada.[76]

Importante ressaltar, como nos ensina Allan Kardec, que:

> Lá, porém, como neste mundo, somente aos espíritos mais esclarecidos é dado compreender o papel que desempenham os elementos constitutivos do mundo onde eles se acham. Os ignorantes do mundo invisível são tão incapazes de explicar a si mesmos os fenômenos a que assistem e para os quais muitas vezes concorrem maquinalmente, como os ignorantes da Terra o são para explicar os efeitos da luz ou da eletricidade, para dizer de que modo é que veem e escutam.[77]

Quer dizer que os espíritos superiores ou os inferiores mais dotados intelectualmente sabem o mecanismo da manipulação

76 *Libertação*, André Luiz/FCX, FEB, cap. 7.

77 *A Gênese*, Allan Kardec, tradução Guillon Ribeiro, FEB, cap. 14, item 3.

dos fluidos, com as limitações dos seus graus evolutivos, ao passo que outros mais atrasados agem quase que por instinto, apenas pela manifestação da vontade para a criação de certas coisas que lhes podem ser úteis ou necessárias.

Essa ação pode ser individual, para satisfação própria e restrita, mas também pode ser coletiva, quando se deseja a criação de coisas em quantidade maior. André Luiz, no livro *Nosso Lar*, refere-se às fábricas existentes na cidade espiritual, como lhe explicou o amigo Tobias:

> Segui Tobias resolutamente. Atravessamos largos quarteirões, onde numerosos edifícios me pareceram colmeias de serviço intenso. Percebendo-me a silenciosa indagação, o novo amigo esclareceu:
>
> - Temos aqui as grandes fábricas de "*Nosso Lar*". A preparação de sucos, de tecidos e artefatos em geral, dá trabalho a mais de cem mil criaturas, que se regeneram e se iluminam ao mesmo tempo.[78]

Já podemos deduzir que, além das criações mentais individuais, com o emprego da vontade e do pensamento, os espíritos também criam aparelhos que facilitam a realização de variadas tarefas e a formação de outras coisas, para que não tenham de utilizar suas faculdades mentais, o que sempre implica em gasto de forças. Algo semelhante ao que fazemos aqui, quando usamos computadores para cálculos complexos que exigiriam tempo e fosfato da pessoa, ou robôs e máquinas que em nosso lugar fazem serviços pesados e perigosos.

Vejamos uma explicação nesse sentido, que trago do livro *Memórias de um suicida*:

---

78 *Nosso Lar*, André Luiz/FCX, cap. 26.

> Através dos aparelhamentos que vedes, estamos em ligação permanente com os sucessos desenrolados no Vale dos Suicidas. Graças a eles permanecemos presentes ao que ali ocorre, de tudo sabemos e tudo ouvimos. Poderíamos exercitar a clarividência, a visão a distância, assim como outros dons anímicos que igualmente possuem os nossos técnicos, a fim de nos inteirarmos do que necessitarmos saber, pois temos, mesmo na Torre, funcionários capazes de tão vultoso quanto melindroso serviço, como aquelas operosas irmãs que acolá observamos atentas no cumprimento do dever. Preferimos, porém, geralmente, os aparelhos, porque seria sacrificar demasiadamente, sem necessidade, tão preciosas faculdades anímicas num local heterogêneo como este, carregado de influências pesadas, que delas exigiriam grande dispêndio de energias preciosas, esforços supremos, quando o aparelhamento de que dispomos realiza o mesmo serviço sem exigências vultosas de ordem mental.[79]

Esse relato não faz lembrar as câmeras de vigilância instaladas em empresas, residências ou locais públicos das nossas cidades, através das quais vemos e também ouvimos à distância?

Na mesma obra, encontramos notícia de uma tela de registro dos pensamentos, à qual o espírito Aníbal de Silas foi conectado por fios tenuíssimos e um tipo de diadema, aparelhagem da qual se utilizaria para ministrar uma aula. Camilo assim narra o que observou:

> No entanto, era com assombro que ouvíamos as palavras de Aníbal traduzidas em imagens e cenas a se refletirem na tela miraculosa que lhe ficava junto. Assim foi que, enquanto falava, a realidade de suas transmigrações terrenas espirituais

79 *Memórias de um suicida*, Camilo Castelo Branco/Yvonne Pereira, FEB, cap. 1, 2ª. parte.

> se reproduzia, ali, com tão verídica nitidez, que nos julgaríamos coparticipantes seus através das idades ressuscitadas dos repositórios secretos dos seus pensamentos [...] Positivamente mais real, mais completo e sugestivo do que o cinematógrafo dos dias vigentes, mais convincente que as cenas teatrais que tanto absorvem e arrebatam o observador, porque era a vida em si mesma, natural, humana, realmente vivida, o retrospecto do pensamento de Aníbal foi passando gradativamente pela tela enquanto nem mesmo desta nos lembrávamos, pois não a distinguíamos, senão os fatos empolgantes que se decalcariam em nossas mentes quais estímulos para futuras tentativas![80]

E Manoel Philomeno de Miranda, no livro *Grilhões partidos*, também menciona uma aparelhagem utilizada pelos espíritos na assepsia de um ambiente onde se realizaria uma reunião mediúnica:

> As atividades e cuidados para o cometimento já haviam sido iniciados. Aparelhagem especializada para a assepsia psíquica do ambiente fora posta a funcionar, fazendo-nos lembrar aquecedores terrestres à base de resistências elétricas, que produziam ondas especiais de calor e simultaneamente lâmpadas de emissão infravermelha e ultravioleta diluíam as construções mentais imperantes, vibriões resultantes das ideoplastias habituais de alguns dos membros tanto do círculo como da enferma.[81]

E na sequência ele vai se referir a aparelhagem de som e imagem utilizada para projetar os diálogos e as atividades fora dos muros da casa espírita, para despertar a atenção de espíritos; a outros aparelhos, à semelhança de secadores de cabelo, que eram

80 Idem, cap. 1° e 2°, 2ª. parte.

81 *Grilhões partidos*, Manoel Philomeno de Miranda/DPF, LEAL, cap.20.

utilizados em operações de hipnose mais profunda, criando condicionamentos subliminais com a fixação de imagens positivas no inconsciente dos comunicantes em sofrimento; bem como a pequenas caixas, umas para medir a intensidade vibratória dos espíritos e outras para cotejar os resultados, para registro e impressões de dados.

Adiante, esclarece:

> Na Esfera Espiritual procede-se à criação de sutis, delicadas e mui complexas elaborações para os elevados fins de progresso, e que muitos missionários da evolução trazem à Terra, transformando em utilidades para os impulsos da técnica da civilização e do desenvolvimento das criaturas humanas.[82]

Finalmente, se os espíritos podem agregar o fluido elementar e com ele formar coisas, igualmente podem desagregar, e nesse caso as substâncias retornam naturalmente à origem.

Assim explica Allan Kardec:

> Tendo por elemento primitivo o fluido cósmico etéreo, à matéria tangível há de ser possível, desagregando-se, voltar ao estado de eterização, do mesmo modo que o diamante, o mais duro dos corpos, pode volatilizar-se em gás impalpável. Na realidade, a solidificação da matéria não é mais do que um estado transitório do fluido universal, que pode volver ao seu estado primitivo, quando deixam de existir as condições de coesão.[83]

---

82 Idem

83 *A Gênese*, Allan Kardec, tradução Guillon Ribeiro, FEB, cap. 14.

12. AÇÃO DO PENSAMENTO SOBRE OS CORPOS DO ESPÍRITO

JÁ VIMOS SOBRE O corpo mental e o perispírito, também chamado corpo astral ou espiritual.

Algumas filosofias esotéricas admitem outros corpos, como o duplo etéreo e o emocional. A literatura espírita também aceita o duplo etéreo, mas não como um corpo com órgãos, e sim como o conjunto de fluidos vitais do corpo físico e que irradia e forma um halo, um contorno de pouca extensão ao seu redor. Não é um corpo que sirva de veículo ao espírito e se dissipa quando da morte do corpo carnal.

Dos campos e corpos utilizados pelo espírito surge uma emanação fluídica qualificada pelos seus pensamentos, com as propriedades especificadas por André Luiz, que assim fala sobre o duplo etéreo e a aura:

> Considerando-se toda célula em ação por unidade viva, qual motor microscópico, em conexão com a usina mental, é claramente compreensível que todas as agregações celulares emitam radiações e que essas radiações se articulem, através de sinergias funcionais, a se constituírem de recursos que podemos nomear por "tecidos de força", em torno dos corpos que as exteriorizam.
>
> Todos os seres vivos, por isso, dos mais rudimentares aos mais complexos se revestem de um "halo energético" que lhes corresponde à natureza.

> No homem, contudo, semelhante projeção surge profundamente enriquecida e modificada pelos fatores do pensamento contínuo que, em se ajustando às emanações do campo celular, lhe modelam, em derredor da personalidade, o conhecido corpo vital ou duplo etéreo de algumas escolas espiritualistas, duplicata mais ou menos radiante da criatura.
>
> Nas reentrâncias e ligações sutis dessa túnica eletromagnética de que o homem se entraja, circula o pensamento, colorindo-a com as vibrações e imagens de que se constitui, aí exibindo, em primeira mão, as solicitações e os quadros que improvisa, antes de irradiá-los no rumo dos objetos e das metas que demanda.[84]

Aprofundando sobre a aura, continua ele:

> Aí temos, nessa conjugação de forças físico-químicas e mentais, a aura humana, peculiar a cada indivíduo, interpenetrando-o, ao mesmo tempo em que parece emergir dele, à maneira de campo ovoide, não obstante a feição irregular em que se configura, valendo por espelho sensível em que todos os estados da alma se estampam com sinais característicos e em que todas as ideias se evidenciam, plasmando telas vivas, quando perduram em vigor e semelhança, como no cinematógrafo comum. Fotosfera psíquica, entretecida em elementos dinâmicos, atende à cromática variada, segundo a onda mental que emitimos, retratando-nos todos os pensamentos em cores e imagens que nos respondem aos objetivos e escolhas, enobrecedores ou deprimentes.
>
> A aura é, portanto, a nossa plataforma onipresente em toda comunicação com as rotas alheias, antecâmara do espírito, em todas as nossas atividades de intercâmbio com a vida que nos rodeia, através da qual somos vistos e examinados pelas Inteligências Superiores, sentidos e reconhecidos pelos nossos afins,

84 *Evolução em dois mundos*, André Luiz/FCX/WV, FEB, cap. XVII, 1ª. parte.

e temidos e hostilizados ou amados e auxiliados pelos irmãos que caminham em posição inferior à nossa.

Embora não se valendo do termo "aura", Allan Kardec fala de uma atmosfera ao redor do envoltório espiritual, que seria uma emanação deste:

> Quando o espírito se une a um corpo, aí vive com seu perispírito, que serve de ligação entre o espírito, propriamente dito, e a matéria corpórea. Ele é o intermediário das sensações percebidas pelo espírito. Mas esse perispírito não é confinado no corpo, como numa caixa. Por sua natureza fluídica, ele irradia exteriormente e forma em torno do corpo uma espécie de atmosfera, como o vapor que dele se desprende. Mas o vapor que se desprende de um corpo malsão é igualmente malsão, acre e nauseabundo, o que infecta o ar dos lugares onde se reúnem muitas pessoas perversas. Assim como esse vapor é impregnado das qualidades do corpo, o perispírito é impregnado das qualidades, ou seja, do pensamento do espírito, e irradia tais qualidades em torno do corpo. [85]

Em *A Gênese*, o Codificador diz sobre o retrato do pensamento no perispírito, mas não detalha como isso acontece, atribuindo essa propriedade ao envoltório como um todo. Hoje sabemos que o envoltório é um composto de campos fluídicos e que as imagens mentais se localizam mais propriamente na aura, que me parece ser a mesma atmosfera referida por Kardec na *Revista Espírita*.

Assim explica ele:

> Há mais: criando imagens fluídicas, o pensamento se reflete no envoltório perispirítico, como num espelho; toma nele corpo

85 *Revista Espírita*, Allan Kardec, dezembro de 1862, '*Os possessos de Morzine*'.

> e aí de certo modo se fotografa. Tenha um homem, por exemplo, a ideia de matar a outro: embora o corpo material se lhe conserve impassível, seu corpo fluídico é posto em ação pelo pensamento e reproduz todos os matizes deste último; executa fluidicamente o gesto, o ato que intentou praticar.
>
> O pensamento cria a imagem da vítima e a cena inteira é pintada, como num quadro, tal qual se lhe desenrola no espírito. Desse modo é que os mais secretos movimentos da alma repercutem no envoltório fluídico; que uma alma pode ler noutra alma como num livro e ver o que não é perceptível aos olhos do corpo. [86]

Portanto, a aura, da qual o duplo etéreo é uma das camadas internas, é aparato dos mais relevantes na interação entre os espíritos e está intimamente relacionada com os pensamentos.

A propósito do duplo etéreo, cabe reafirmar que se mantém apenas durante a reencarnação, desintegrando-se com a morte. É como anota André Luiz no livro *Nos domínios da mediunidade*, ao observar o desdobramento do médium Castro:

> [...] A princípio, seu perispírito ou "corpo astral" estava revestido com os eflúvios vitais que asseguram o equilíbrio entre a alma e o corpo de carne, conhecidos aqueles, em seu conjunto, como sendo o "duplo etérico", formado por emanações neuropsíquicas que pertencem ao campo fisiológico e que, por isso mesmo, não conseguem maior afastamento da organização terrestre, destinando-se à desintegração, tanto quanto ocorre ao instrumento carnal, por ocasião da morte renovadora. [...][87]

86 *A Gênese* Allan Kardec, tradução Guillon Ribeiro, FEB, cap. XIV, item 15.

87 *Nos domínios da mediunidade*, André Luiz/FCX, FEB, cap. 11.

Dito isso, avanço refletindo sobre o perispírito.

O perispírito é bastante suscetível à força dos pensamentos, uma vez que sua natureza mais sutil, pela fraca agregação celular, lhe dá maior plasticidade.

As modificações do perispírito podem ser intencionais ou inconscientes, mas sempre derivam de um pensamento que pode ser elevado ou degradante. Assim, o espírito tem uma ideia, que o corpo mental converte em pensamento e transfere para o cérebro perispiritual, que em seguida enviará comandos para suas células, promovendo alterações específicas nos órgãos ou áreas correspondentes.

Nesse processo, é necessário trazer a informação de que o perispírito é dotado de centros de forças, os conhecidos "chacras" da tradição hindu. Não referidos por Allan Kardec, são citados por André Luiz em suas obras, especialmente *Evolução em dois mundos* e *Entre a Terra e o Céu*, e com base nelas farei a seguir um resumo.

O perispírito é regido por sete centros de força, sob o comando da mente. Funcionam à semelhança de condensadores ou transformadores de energia e vibram em harmonia sustentando o campo eletromagnético do corpo espiritual, no qual o pensamento atua em circuito integrado.

Estão relacionados com as principais funções do corpo humano, por isso são denominados centro coronário, cerebral, laríngeo, cardíaco, esplênico, gástrico e centro genésico, conectando-se à parte física, na reencarnação, pelos plexos, que são entrelaçamentos de ramos nervosos.

Destaca-se dentre eles o centro coronário, também conhecido como o lótus de mil pétalas, conectado diretamente com a glândula pineal, localizada no centro do cérebro. Assimila em primeiro lugar os estímulos do espírito e orienta a forma, o movimento, a estabilidade, o metabolismo orgânico e a vida consciencial da alma encarnada ou desencarnada. O centro coronário supervisiona, ainda, os outros centros vitais que lhe obedecem ao impulso, assim como as peças secundárias de uma usina respondem ao comando da peça-motor.

Do coronário emanam as energias de sustentação do sistema nervoso e suas subdivisões, sendo o responsável pela alimentação das células do pensamento (os neurônios) e o provedor de todos os recursos eletromagnéticos indispensáveis à estabilidade orgânica. É, por isso, o grande assimilador das energias solares e dos raios da Espiritualidade Superior capazes de favorecer a sublimação da alma.

Quero me deter na glândula pineal ou epífise, por sua relação direta com o centro coronário, com a recepção e retransmissão dos pensamentos. Não se trata de mera glândula com atribuições na área da sexualidade ou no controle do ritmo circadiano, que regula o sono e o ciclo biológico, mas é também uma verdadeira antena psíquica.

Interessante saber que o filósofo René Descartes, no século XVII, já deduzira a relação dessa minúscula glândula com a mente, afirmando mesmo que seria ela a sua sede, o ponto de contato entre a alma e o corpo. No passado, acreditava-se, enganadamente, que teria sido um terceiro olho e que no processo evolutivo se recolheu à intimidade do cérebro, permanecendo como um órgão vestigial.

André Luiz dedica à epífise um capítulo do livro *Missionários da luz* e sobre ela traz o ensinamento do instrutor Alexandre:

> – Segregando delicadas energias psíquicas – prosseguiu ele –, a glândula pineal conserva ascendência em todo o sistema endocrínico. Ligada à mente, através de princípios eletromagnéticos do campo vital, que a ciência comum ainda não pode identificar, comanda as forças subconscientes sob a determinação direta da vontade. As redes nervosas constituem-lhe os fios telegráficos para ordens imediatas a todos os departamentos

celulares, e sob sua direção efetuam-se os suprimentos de energias psíquicas a todos os armazéns autônomos dos órgãos.[88]

E no livro *Evolução em dois mundos*, tratando da evolução do cérebro, ensina nosso irmão:

> [...] é aí que a epífise começa a consolidar-se, por fulcro energético de sensações sutis para a tradução e seleção dos estados mentais diversos, nos mecanismos da reflexão e do pensamento, da meditação e do discernimento, prenunciando as operações da mediunidade, consciente ou inconsciente, pelas quais espíritos encarnados e desencarnados se consorciam, uns com os outros, na mesma faixa de vibrações, para as grandes criações da ciência e da religião, da cultura e da arte, na jornada ascensional para Deus, quando não seja nas associações psíquicas de espécie inferior ou de natureza vulgar, em que as almas prisioneiras da provação ou da sombra se retratam reciprocamente.[89]

O médico e neurocientista Sérgio Felipe de Oliveira é um estudioso dessa glândula e defende a hipótese de que, em algumas pessoas, na pineal se formam cristais de apatita e estes teriam um papel nos fenômenos mediúnicos, captando e registrando ondas eletromagnéticas específicas do plano espiritual, que depois seriam encaminhadas para outras partes do cérebro.

Podemos, então, fazer uma síntese:

A mente elabora a ideia e o corpo mental a converte em pensamento, uma onda de características específicas. O pensamento segue para o centro coronário do perispírito, através da glândula pineal, que o seleciona e emite comandos para as áreas

---

88 *Missionários da lLuz*, André Luiz/FCX, FEB, cap. 2.

89 *Evolução em dois mundos*, André Luiz/FCX/WV, FEB, cap. IX.

relacionadas com a vontade do espírito. Quando reencarnado o espírito, o centro coronário do corpo espiritual, também pela pineal e pelos demais centros de forças, redistribui os comandos mentoeletromagnéticos para os órgãos e células do organismo físico, utilizando-se do campo vital, das estruturas cerebrais e das correntes nervosas proporcionadas pelos plexos e demais feixes.

Portanto, não é propriamente a epífise do corpo físico que recebe diretamente os impulsos da mente, mas estes lhe chegam por intermédio da que lhe é correspondente no perispírito.

Existem pensamentos que surgem espontâneos na intimidade do espírito, motivados por desejos e reflexões, mas, entre nós, a grande maioria decorre de estímulos externos, e neste caso o fluxo das informações funciona em sentido inverso.

Estando o espírito reencarnado, os estímulos chegam ao cérebro pelos diversos órgãos dos sentidos físicos, como os olhos, os ouvidos, o nariz e a pele. As impressões em forma de ondas (som, imagem, calor etc.) são recebidas pelos nervos e convertidas pelos neurônios em sinais eletroquímicos e registradas em áreas específicas, para depois avançarem para o cérebro perispiritual, com acesso pela pineal e o centro coronário; finalmente, alcançam o corpo mental, que as decodifica e armazena, quando então a mente reage às informações consoante a sua bagagem emocional, intelectual e moral, produzindo novos pensamentos.

Retorno um pouco à ação do pensamento sobre o perispírito para apresentar algumas ocorrências citadas na literatura espírita e que permitem melhor compreensão.

Tão sutil e plástico é o corpo espiritual que pode ele ser modificado mesmo estando o espírito reencarnado.

Muito interessante é o caso narrado por André Luiz no livro *Libertação*, referindo-se à segunda esposa de um médico. Nosso irmão se impressionou com o apuro da sua apresentação, a admirável pintura do rosto, o penteado harmonioso e o traje elegante e sóbrio, que revelavam ser ela uma fina dama da sociedade;

contudo, observou ele que era rodeada de uma substância fluídica deprimente e um halo plúmbeo denunciava-lhe a posição de inferioridade. A senhora se deitou e André ficou aturdido com o que viu, conforme suas palavras:

> Depois de uma discussão menos feliz com o marido, a jovem mulher buscou o sono da sesta, num divã largo e macio. Intencionalmente, Maurício convidou-me a espreitar-lhe o repouso e, com enorme surpresa, aturdido mesmo, não lhe vi os mesmos traços fisionômicos na organização perispiritual que abandonava a estrutura carnal, entregue ao descanso. Alguma semelhança era de notar-se, mas, afinal de contas, a senhora tornara-se irreconhecível. Estampava no semblante os sinais das bruxas dos velhos contos infantis. A boca, os olhos, o nariz e os ouvidos revelavam algo de monstruoso.[90]

A respeito, logo em seguida recebeu os esclarecimentos de Maurício, seu companheiro espiritual:

> O homem e a mulher, com os seus pensamentos, atitudes, palavras e atos criam, no íntimo, a verdadeira forma espiritual a que se acolhem. Cada crime, cada queda, deixam aleijões e sulcos horrendos no campo da alma, tanto quanto cada ação generosa e cada pensamento superior acrescentam beleza e perfeição à forma perispirítica, dentro da qual a individualidade real se manifesta, mormente depois da morte do corpo denso. Há criaturas belas e admiráveis na carne e que, no fundo, são verdadeiros monstros mentais, do mesmo modo que há corpos torturados e detestados, no mundo, escondendo espíritos angélicos, de celestial formosura.

---

90 *Libertação*, André Luiz/FCX, FEB, cap. 10.

Outro relato interessante é o de André Luiz no livro *Nosso Lar*, sobre a visita que Ricardo, marido da dona Laura e pai de Lísias, faz à cidade espiritual. O destaque é porque Ricardo está reencarnado e ainda é uma criança pequena e vai surgir perante os familiares desencarnados na aparência da vida precedente, como um adulto. Aprendemos com a doutrina espírita que o processo de reencarnação se completa aos poucos e que na primeira infância os laços fluídicos são menos apertados, de modo que alguns espíritos são capazes de ainda ter algumas experiências espirituais com a personalidade anterior.

Então, surpreso com a situação, nosso irmão foi esclarecido pelo servidor Nícolas:

> Nosso irmão Ricardo está na fase da infância terrestre e não lhe será difícil desprender-se dos elos físicos, mais fortes, por alguns instantes.
>
> ...
>
> Nem todos os encarnados se agrilhoam ao solo da Terra. Como os pombos-correio que vivem, por vezes, longo tempo de serviço, entre duas regiões, espíritos há que vivem por lá entre dois mundos.[91]

De fato, Ricardo iria se apresentar numa câmara cristalina constituída de material isolante, para não ser perturbado pelas energias mentais dos presentes. E, após uma mensagem de amor e de uma bela composição recitada pelos presentes, o globo cristalino se cobriu de uma substância leitoso-acinzentada, apresentando-se em seguida a figura simpática de um homem na idade madura.

E se o espírito, pela sua vontade e pensamento, ainda mesmo que inconscientemente, pode alterar a forma do perispírito estando reencarnado, mais ainda lhe é fácil quando liberto no plano etéreo.

---

91 *Nosso Lar*, André Luiz/FCX, FEB, cap. 48.

Em *O Livro dos Médiuns*, Allan Kardec esclarece que a forma humana é universal e assim os espíritos desencarnados se apresentam, mas que o corpo espiritual não é rígido e pode ser modificado pela vontade, a qual, sabemos, se manifesta pelo pensamento. Diz ele:

> Devemos concluir de tudo isto que a forma humana é a forma tipo de todos os seres humanos, seja qual for o grau de evolução em que se achem. Mas a matéria sutil do perispírito não possui a tenacidade, nem a rigidez da matéria compacta do corpo; é, se assim nos podemos exprimir, flexível e expansível, donde resulta que a forma que toma, conquanto decalcada na do corpo, não é absoluta, amolga-se à vontade do espírito, que lhe pode dar a aparência que entenda, ao passo que o invólucro sólido lhe oferece invencível resistência.
>
> Livre desse obstáculo que o comprimia, o perispírito se dilata ou contrai, se transforma: presta-se, numa palavra, a todas as metamorfoses, de acordo com a vontade que sobre ele atua. Por efeito dessa propriedade do seu envoltório fluídico, é que o espírito que quer dar-se a conhecer pode, em sendo necessário, tomar a aparência exata que tinha quando vivo, até mesmo com os acidentes corporais que possam constituir sinais para o reconhecerem.[92]

Em *A Gênese*, quando trata dos fluidos, o Codificador aprofunda a questão da modificação do envoltório espiritual para esclarecer que essa possibilidade é relativa à condição evolutiva do espírito, querendo dizer com isso que os inferiores não têm todo o poder. Vejamos o que ele explica:

> A natureza do envoltório fluídico está sempre em relação com o grau de adiantamento moral do espírito. Os espíritos

92 *O Livro dos Médiuns*, Allan Kardec, tradução Guillon Ribeiro, FEB, 2ª parte, cap. I, item 56.

> inferiores não podem mudar de envoltório a seu bel-prazer, pelo que não podem passar, à vontade, de um mundo para outro. Alguns há, portanto, cujo envoltório fluídico, se bem que etéreo e imponderável com relação à matéria tangível, ainda é por demais pesado, se assim nos podemos exprimir, com relação ao mundo espiritual, para não permitir que eles saiam do meio que lhes é próprio.[93]

Mais adiante, discorrendo sobre a aparição dos espíritos para os encarnados, fala sobre as possíveis alterações do perispírito:

> É assim, por exemplo, que um espírito se faz visível a um encarnado que possua a vista psíquica, sob as aparências que tinha quando vivo na época em que o segundo o conheceu, embora haja ele tido, depois dessa época, muitas encarnações. Apresenta-se com o vestuário, os sinais exteriores - enfermidades, cicatrizes, membros amputados etc. - que tinha então. Um decapitado se apresentará sem a cabeça. Não quer isso dizer que haja conservado essas aparências, certo que não, porquanto, como espírito, ele não é coxo, nem maneta, nem zarolho, nem decapitado; o que se dá é que, retrocedendo o seu pensamento à época em que tinha tais defeitos, seu perispírito lhes toma instantaneamente as aparências, que deixam de existir logo que o mesmo pensamento cessa de agir naquele sentido. Se, pois, de uma vez ele foi negro e branco de outra, apresentar-se-á como branco ou negro, conforme a encarnação a que se refira a sua evocação e à que se transporte o seu pensamento.[94]

Há mudanças que são extremas e degradantes. Já vimos antes sobre os ovoides, que são os espíritos que, entregues ao

---

93 *A Gênese*, Allan Kardec, tradução Guillon Ribeiro, FEB, cap. XIV, item 9.

94 Idem, item 14.

monoideísmo, com seus pensamentos focados constantemente em um único alvo, perdem o controle das funções e da forma perispiritual, que então se reduz ao formato de um ovo do tamanho aproximado de uma cabeça.

As deformidades, porém, são as mais variadas.

Manoel Philomeno de Miranda narra o caso do espírito Valdemar, que fora morto na condição de escravo no Brasil e se rebelou, adotando a personificação demoníaca de um exu, por auto-hipnose. A explicação desse caso e de outros semelhantes foi dada pela irmã Emerenciana, o espírito feminino que atuava como mentora na instituição do sincretismo religioso onde se encontrava Miranda em visita de aprendizado:

> – A hipnose, a auto-hipnose por fixação degenerativa, funcionam em larga escala, em ambas as faixas vibratórias da vida: no corpo ou fora dele. Em nossa esfera de ação com muito maior intensidade, em razão dos processos mentais de sintonia e identificação moral entre os despojados do corpo somático. Aí estão, diante dos nossos olhos, muitos infelizes irmãos assumindo personificações mitológicas ridículas, por auto-hipnose; número largo, crendo-se seres de exceção na ordem universal, por efeito de autossugestão demorada, desde a Terra, quando se permitiam construções mentais nesse campo; outros ainda vitimados por zoantropias de diferentes procedências e, por fim, aqueles que se reconstruíram ideoplasticamente, incorporando os desvarios de poderes mentirosos, que se atribuem possuir, seja como orixás, na eterna ação protetora da Natureza e dos homens, seja na de exus, supostamente criados para o mal, dotados de força para tal execução, afundando-se cada vez mais no desgoverno, até o momento em que funcionem as leis de correção e reequilíbrio que existem no Cosmo.[95]

95 *Loucura e obsessão*, Manoel P. Miranda/DPF, FEB, cap.8.

No livro *Libertação*, André Luiz acompanha o instrutor Gúbio a uma cidade das regiões inferiores, em trabalho de desobsessão, e espanta-se com a multidão de espíritos deformados, com vários aleijões, usando vestimentas imundas. Diz o instrutor:

> [...] Com respeito aos espíritos que se mostram nestas ruas sinistras, exibindo formas quase animalescas, neles reparamos várias demonstrações da anormalidade a que somos conduzidos pela desarmonia interna. Nossa atividade mental nos marca o perispírito. Podemos reconhecer a propriedade do acerto, quando ainda no mundo, o glutão começa a adquirir aspecto deprimente no corpo em que habita. Os viciados no abuso do álcool passam a viver de borco, arrojados ao solo, à maneira de grandes vermes. A mulher que se habituou a mercadejar com o vaso físico, olvidando as sagradas finalidades da vida, apresenta máscara triste, sem sair da carne.[96]

Como ensinou Allan Kardec, espíritos mais conscientes podem alterar a aparência e também a consistência do perispírito, conforme lhes for conveniente para atendimento de certas situações ou necessidades, e para isso empregam a vontade e a concentração mental.

Conta André Luiz sobre essa mudança do corpo espiritual quando ele, o amigo Elói e o instrutor Gúbio desciam a uma cidade da região inferior:

> Avançamos mais profundamente, mas o ambiente passou a sufocar-nos. Repousamos, de algum modo, vencidos de fadiga singular, e Gúbio, depois de alguns momentos, nos esclareceu:
>
> – Nossas organizações perispiríticas, à maneira de escafandro estruturado em material absorvente, por ato deliberado

96 *Libertação*, André Luiz/FCX, FEB, cap. 4.

de nossa vontade, não devem reagir contra as baixas vibrações deste plano. Estamos na posição de homens que, por amor, descessem a operar num imenso lago de lodo; para socorrer eficientemente os que se adaptaram a ele, são compelidos a cobrir-se com as substâncias do charco, sofrendo-lhes, com paciência e coragem, a influenciação deprimente.

Atravessamos importantes limites vibratórios e cabe-nos entregar a forma exterior ao meio que nos recebe, a fim de sermos realmente úteis aos que nos propomos auxiliar. Finda a nossa transformação transitória, seremos vistos por qualquer dos habitantes desta região menos feliz.

[...]

Passamos a inalar as substâncias espessas que pairavam em derredor, como se o ar fosse constituído de fluidos viscosos. Elói estirou-se, ofegante, e não obstante experimentar, por minha vez, asfixiante opressão, busquei padronizar atitudes pela conduta do Instrutor, que tolerava a metamorfose, silencioso e palidíssimo.

Reparei, confundido, que a voluntária integração com os elementos inferiores do plano nos desfigurava enormemente. Pouco a pouco, sentimo-nos pesados e tive a ideia de que fora, de improviso, religado, de novo, ao corpo de carne, porque, embora me sentisse dono da própria individualidade, me via revestido de matéria densa, como se fosse obrigado a envergar inesperada armadura.[97]

No livro *Missionários da luz* estudamos a reencarnação de Segismundo, um trabalhador de *Nosso Lar*, e André Luiz narra o momento em que seu corpo espiritual passará por modificações para posterior ligação ao embrião. Interessante aqui é que o trabalho de redução do perispírito se inicia por ação dos técnicos

97 Idem.

espirituais, mas para o qual foi necessária a contribuição mental do reencarnante. Vejamos o relato:

> Os espíritos construtores começaram o trabalho de magnetização do corpo perispirítico, no que eram amplamente secundados pelo esforço do abnegado orientador, que se mantinha dedicado e firme em todos os campos de serviço.
>
> Sem que me possa fazer compreendido, de pronto, pelo leitor comum, devo dizer que «alguma coisa da forma de Segismundo estava sendo eliminada». Quase que imperceptivelmente, à medida que se intensificavam as operações magnéticas, tornava-se ele mais pálido. Seu olhar parecia penetrar outros domínios. Tornava-se vago, menos lúcido.
>
> A certa altura, Alexandre falou-lhe com autoridade:
>
> - Segismundo, ajude-nos! Mantenha clareza de propósitos e pensamento firme!
>
> Tive a impressão de que o reencarnante se esforçava por obedecer.
>
> - Agora - continuou o instrutor - sintonize conosco relativamente à forma pré-infantil.
>
> Mentalize sua volta ao refúgio maternal da carne terrestre! Lembre-se da organização fetal, faça-se pequenino! Imagine sua necessidade de tornar a ser criança para aprender a ser homem!
>
> Compreendi que o interessado precisava oferecer o maior coeficiente de cooperação individual para o êxito amplo. Surpreendido, reconheci que, ao influxo magnético de Alexandre e dos construtores espirituais, a forma perispiritual de Segismundo tornava-se reduzida.[98]

Outra ocorrência citada no livro *Libertação* dá conta de como o pensamento alheio pode atuar sobre a mente de um espírito,

98 *Missionários da luz*, André Luiz/FCX, FEB, cap. 13.

no processo de hipnose, levando a vítima a produzir alterações substanciais no próprio perispírito. Trata-se do caso de um espírito feminino submetido a julgamento na cidadela espiritual onde André Luiz se encontrava com Elói e o instrutor Gúbio. Considerada culpada pelo cruel julgador por ter assassinado quatro filhos tenros, recebe ela de pronto a sentença:

> Em seguida, fixando sobre ela as irradiações que lhe emanavam do temível olhar, asseverou, peremptório:
>
> - A sentença foi lavrada por si mesma! Não passa de uma loba, de uma loba...
>
> À medida que repetia a afirmação, qual se procurasse persuadi-la a sentir-se na condição do irracional mencionado, notei que a mulher, profundamente influenciável, modificava a expressão fisionômica. Entortou-se-lhe a boca, a cerviz curvou-se, espontânea, para a frente, os olhos alteraram-se, dentro das órbitas. Simiesca expressão revestiu-lhe o rosto.
>
> Via-se, patente, naquela exibição de poder, o efeito do hipnotismo sobre o corpo perispirítico.[99]

Um aspecto interessante é sobre a influência recíproca dos pensamentos no caso de gravidez. É o que diz o Ministro Clarêncio no livro *Entre a Terra e o Céu*, em resposta à pergunta de Hilário, companheiro de André Luiz:

> A organização feminina, durante a gestação, sofre verdadeira enxertia mental. Os pensamentos do ser que se acolhe ao santuário íntimo envolvem-na totalmente, determinando significativas alterações em seu cosmo biológico. Se o filho é senhor de larga evolução e dono de elogiáveis qualidades morais, consegue auxiliar o campo materno, prodigalizando-lhe sublimadas

99 *Libertação*, André Luiz/FCX, FEB, cap. 5.

> emoções e convertendo a maternidade, habitualmente dolorosa, em estação de esperanças e alegrias intraduzíveis, mas no processo de Júlio observamos duas almas que se ajustam nas mesmas dívidas e na mesma posição evolutiva. Influenciam-se mutuamente.
>
> ...
>
> Se Zulmira atua, de maneira decisiva, na formação do novo veículo do menino, o menino atua vigorosamente nela, estabelecendo fenômenos perturbadores em sua constituição de mulher. A permuta de impressões entre ambos é inevitável e os padecimentos que Júlio trazia na garganta foram impressos na mente maternal, que os reproduz no corpo em que se manifesta. A corrente de troca entre mãe e filho não se circunscreve à alimentação de natureza material; estende-se ao intercâmbio constante das sensações diversas. Os pensamentos de Zulmira guardam imensa força sobre Júlio, tanto quanto os de Júlio revelam expressivo poder sobre a nova mãezinha. As mentes de um e de outro como que se justapõem, mantendo-se em permanente comunhão, até que a Natureza complete o serviço que lhe cabe no tempo.[100]

Após atuar diretamente nos corpos organizados, o pensamento segue uma trajetória que alcança, num segundo momento, a aura do espírito, aquele halo de fluidos e forças referido por André Luiz e que já citei.

Traduzindo o ensinamento, a aura é um campo sensível, capaz de registrar as ondas mentais e seus conteúdos, adquirindo coloração segundo a natureza mais ou menos elevada dos pensamentos. Os inferiores escurecem a aura e os nobres a tornam mais brilhante.

Os espíritos superiores ou os de igual sintonia são capazes de prospectar a aura e facilmente identificar o conteúdo e a natureza

100 *Entre a Terra e o Céu*, André Luiz/FCX, FEB, cap. 30.

dos pensamentos do indivíduo, significando que para eles não podemos esconder o que vai na nossa intimidade. Além disso, os pensamentos repetitivos são fixados e tornam-se visíveis na aura como imagens na tela de um aparelho de televisão, computador ou celular, podendo ser visualizados mesmo por espíritos inferiores, sendo dessa maneira que os obsessores conhecem os nossos desejos viciosos e ouvem os nossos pensamentos.

Embora os espíritos tenham a capacidade de analisar a irradiação mental estampada na nossa aura, os técnicos da espiritualidade criaram o aparelho psicoscópio para lhes facilitar o trabalho, ao qual já me referi anteriormente.

Já as formas-pensamento constituem uma possibilidade agravada da projeção mental, uma vez que se caracterizam por uma espécie de adendo fluídico do espírito, acompanhando-o por onde for e a ele permanecendo intimamente ligado, em razão de pensamentos repetitivos qualificados por intensa emoção. Carregando consigo fluidos vitais, dão origem a quadros, imagens ou formas com menor ou maior consistência, vinculados à aura ou além dela.

Embora não necessariamente sejam pensamentos tipicamente inferiores, como os decorrentes do ódio, todo pensamento repetitivo sempre é vicioso, por manter a mente em circuito fechado, bem como desgastante, porque a forma elaborada consumirá fluidos vitais.

Falando sobre o monoideísmo, diz André Luiz:

> E esses pesadelos não são realmente meras criações abstratas, porquanto, em fluxo constante, as imagens repetidas, formadas pelas partículas vivas de matéria mental, se articulam em quadros que obedecem também à vitalidade mais ou menos longa do pensamento, justapondo-se às criaturas desencarnadas que lhes dão a forma e que, congregando criações do mesmo teor, de outros espíritos afins, estabelecem, por associações

> espontâneas, os painéis apavorantes em que a consciência culpada expia, por tempo justo, as consequências dos crimes a que se empenhou, prejudicando a harmonia das Leis Divinas e conturbando, concomitantemente, a si mesma.[101]

Assim, imaginemos que um encarnado tenha matado outra pessoa, o quadro criminoso incessantemente repetido por injunção da culpa toma consistência ao seu redor e o persegue alimentando o sentimento a que se entregou.

A propósito, sobre espíritos culposos recolhidos em zonas purgatoriais, explica André Luiz:

> É dessa forma que os suicidas, com agravantes à frente do Plano Espiritual, como também os delinquentes de variada categoria, padecem por largo tempo a influência constante das aflitivas criações mentais deles mesmos, a elas aprisionados, pela fixação monoideica de certos núcleos do corpo espiritual, em detrimento de outros que se mantêm malbaratados e oclusos.
>
> E porque o pensamento é força criativa e aglutinante na criatura consciente em plena Criação, as imagens plasmadas pelo mal, à custa da energia inestancável que lhe constitui atributo inalienável e imanente, servem para a formação das paisagens regenerativas em que a alma alucinada pelos próprios remorsos é detida em sua marcha, ilhando-se nas consequências dos próprios delitos, em lugares que, retendo a associação de centenas e milhares de transviados, se transformam em verdadeiros continentes de angústia, filtros de aflição e de dor, em que a loucura ou a crueldade, juguladas pelo sofrimento que geram para si mesmas, se rendem lentamente ao raciocínio equilibrado, para a readmissão indispensável ao trabalho remissor.[102]

---

101 *Evolução em dois mundos*, André Luiz/FCX, FEB, cap. XVI.

102 Idem.

No livro *Ação e reação*, André Luiz, tendo participado de uma caravana de socorro a recém-desencarnados, narra sobre o atendimento de um espírito feminino:

> Asserenado o ambiente, convidou-nos Silas a sondar-lhe a mente conturbada, agora sob o império de profunda hipnose. Busquei pesquisar-lhe a desarmonia em rápido processo de análise mental, e verifiquei, espantado, que a pobre amiga era portadora de pensamentos horripilantes.
>
> Como que a se lhe enraizar no cérebro, via escapar-lhe do campo íntimo a figura animalesca de um homem agigantado, de longa cauda, com a fisionomia de um caprino degenerado, exibindo pés em forma de garras e ostentando dois chifres, sentado numa cadeira tosca, qual se vivesse em perfeita simbiose com a infortunada criatura, em mútua imanização.
>
> Diante da minha pergunta silenciosa, o Assistente informou:
>
> – É um clichê mental, criado e nutrido por ela mesma. As ideias macabras da magia aviltante, quais sejam as da bruxaria e do demonismo que as igrejas denominadas cristãs propagam, a pretexto de combatê-los, mantendo crendices e superstições, ao preço de conjurações e exorcismos, geram imagens como esta, a se difundirem nos cérebros fracos e desprevenidos, estabelecendo epidemias de pavor alucinatório.[103]

Finalizo esclarecendo que a retenção dos espíritos em regiões inferiores tem também a ver com a densidade dos seus corpos espirituais, uma vez que a lei da gravidade igualmente atua nos planos etéreos. Assim, os perispíritos mais grosseiros, obscuros, constituídos de fluidos pesados, naturalmente não permitem ao espírito o acesso às regiões mais sublimadas.

Vejamos a explicação do Ministro Clarêncio:

---

103 *Ação e reação*, André Luiz/FCX, FEB, cap. 4.

Nossa posição mental determina o peso específico do nosso envoltório espiritual e, consequentemente, o *habitat* que lhe compete. Mero problema de padrão vibratório. Cada qual de nós respira em determinado tipo de onda. Quanto mais primitiva se revela a condição da mente, mais fraco é o influxo vibratório do pensamento, induzindo a compulsória aglutinação do ser às regiões da consciência embrionária ou torturada, onde se reúnem as vidas inferiores que lhe são afins. O crescimento do influxo mental, no veículo eletromagnético em que nos movemos, após abandonar o corpo terrestre, está na medida da experiência adquirida e arquivada em nosso próprio espírito. Atentos a semelhante realidade, é fácil compreender que sublimamos ou desequilibramos o delicado agente de nossas manifestações, conforme o tipo de pensamento que nos flui da vida íntima. Quanto mais nos avizinhamos da esfera animal, maior é a condensação obscurecente de nossa organização, e quanto mais nos elevamos, ao preço de esforço próprio, no rumo das gloriosas construções do espírito, maior é a sutileza de nosso envoltório, que passa a combinar-se facilmente com a beleza, com a harmonia e com a luz reinantes na Criação Divina.[104]

---

104 *Entre a Terra e o Céu*, André Luiz/FCX, FEB, cap. 20.

13. PENSAMENTO E UNIVERSO

DEPOIS DE REPERCUTIR NOS corpos do próprio espírito emissor e impressionar a aura, o pensamento alcança o ambiente físico e a psicosfera onde ele se encontra, para depois seguir adiante pelo Universo.

Quando um espírito, encarnado ou desencarnado, liga-se mentalmente a determinado objeto, seus pensamentos e fluidos ficam nele impregnados de tal modo que outros espíritos ou sensitivos podem, pela psicometria, ter ciência dos fatos e individualidades vinculados a esse objeto.

Estudando a obra *Nos domínios da mediunidade*, aprendemos que psicometria é "a faculdade de ler impressões e recordações ao contacto de objetos comuns".[105]

No capítulo em que trata do tema, André Luiz é levado pelo instrutor Áulus a um museu e lá observa que vários objetos eram revestidos de fluidos opacos, que formavam uma massa acinzentada ou pardacenta, com alguns pontos luminosos.

Áulus explica que todos os objetos "emoldurados por substâncias fluídicas, acham-se fortemente lembrados ou visitados por aqueles que os possuíram". André se detém num curioso relógio, aureolado de luminosa faixa branquicenta e, ao tocá-lo, vê imagens da família e do recinto agradável onde o relógio se encontrava numa velha parede. Áulus, sem precisar tocar no relógio, identifica os mesmos quadros mentais e esclarece:

---

105 *Nos domínios da mediunidade*, André Luiz/FCX, FEB, cap. 26.

> [...] O relógio está envolvido pelas correntes mentais dos irmãos que ainda se apegam a ele, assim como o fio de cobre na condução da energia está sensibilizado pela corrente elétrica. Auscultando-o, na fase em que se encontra, relacionamo-nos, de imediato, com as recordações dos amigos que o estimam.[106]

Mais adiante, explica:

> – O pensamento espalha nossas próprias emanações em toda parte a que se projeta. Deixamos vestígios espirituais, onde arremessamos os raios de nossa mente, assim como o animal deixa no próprio rastro o odor que lhe é característico, tornando-se, por esse motivo, facilmente abordável pela sensibilidade olfativa do cão. Quando libertados do corpo denso, aguçam-se-nos os sentidos e, em razão disso, podemos atender, sem dificuldade, a esses fenômenos, dentro da esfera em que se nos limitam as possibilidades evolutivas.

Áulus também diz que, enquanto um objeto permanecer lembrado por aqueles que dele se recordam, serve ele de mediador, sendo possível então, ao sensitivo encarnado ou a um espírito, localizá-los.

Não só objetos, nossos pensamentos também impregnam o ambiente em que vivemos, criando uma psicosfera agradável ou degradante, dependendo de os sentimentos serem nobres ou viciosos. Para entendermos como se dá essa psicosfera, devemos lembrar que o fluido universal permeia todo o espaço e que os nossos pensamentos também são fluidos (uma espécie de matéria). Assim, as nossas ondas mentais ou formas-pensamento flutuam e se agregam no éter cósmico da mesma maneira que nuvens no céu ou balões no ar.

Esse ambiente espiritual, portanto, nada mais é do que a exteriorização da intimidade dos encarnados que convivem no local, podemos dizer uma extensão da própria aura, o conjunto dos fluidos irradiantes da pessoa ou do espírito.

---

106 *Nos domínios da mediunidade*, André Luiz/FCX, FEB, cap. 26.

Allan Kardec falou a esse respeito:

> Assim se explicam os efeitos que se produzem nos lugares de reunião. Uma assembleia é um foco de irradiação de pensamentos diversos. É como uma orquestra, um coro de pensamentos, onde cada um emite uma nota. Resulta daí uma multiplicidade de correntes e de eflúvios fluídicos cuja impressão cada um recebe pelo sentido espiritual, como num coro musical cada um recebe a impressão dos sons pelo sentido da audição.
>
> Mas, do mesmo modo que há radiações sonoras, harmoniosas ou dissonantes, também há pensamentos harmônicos ou discordantes. Se o conjunto é harmonioso, agradável é a impressão; penosa, se aquele é discordante. Ora, para isso, não se faz mister que o pensamento se exteriorize por palavras; quer ele se externe, quer não, a irradiação existe sempre.
>
> Tal a causa da satisfação que se experimenta numa reunião simpática, animada de pensamentos bons e benévolos. Envolve-a uma como salubre atmosfera moral, onde se respira à vontade; sai-se reconfortado dali, porque impregnado de salutares eflúvios fluídicos. Basta, porém, que se lhe misturem alguns pensamentos maus, para produzirem o efeito de uma corrente de ar gelado num meio tépido, ou o de uma nota desafinada num concerto. Desse modo também se explica a ansiedade, o indefinível mal-estar que se experimenta numa reunião antipática, onde malévolos pensamentos provocam correntes de fluido nauseabundo.[107]

André Luiz anotou os ensinamentos do assistente Áulus:

> [...] podemos arrojar de nós a energia atuante do próprio pensamento, estabelecendo, em torno de nossa individualidade, o ambiente psíquico que nos é particular.

107 *A Gênese*, Allan Kardec, tradução Guillon Ribeiro, FEB, cap. XIV, item 19.

> Cada mundo possui o campo de tensão electromagnética que lhe é próprio, no teor de força gravítica em que se equilibra, e cada alma se envolve no círculo de forças vivas que lhe transpiram do "hálito" mental, na esfera de criaturas a que se imana, em obediência às suas necessidades de ajuste ou crescimento para imortalidade.[108]

Adentrando num centro espírita, André Luiz diz ter sido defrontado por um "ambiente balsâmico e luminoso", e o assistente Áulus explicou:

> – Nesta sala se reúnem sublimadas emanações mentais da maioria de quantos se valem do socorro magnético, tomados de amor e confiança. Aqui possuímos uma espécie de altar interior, formado pelos pensamentos, preces e aspirações de quantos nos procuram trazendo o melhor de si mesmos.[109]

Em *Os mensageiros*, André Luiz fala dos benefícios do Evangelho no Lar, porque as preces dos participantes garantem um ambiente elevado e protegido. Reproduz ele as palavras de Aniceto:

> [...] Nunca poderemos enumerar todos os benefícios da oração. Toda vez que se ora num lar, prepara-se a melhoria do ambiente doméstico. Cada prece do coração constitui emissão eletromagnética de relativo poder. Por isso mesmo, o culto familiar do Evangelho não é tão só um curso de iluminação interior, mas também processo avançado de defesa exterior, pelas claridades espirituais que acende em torno. O homem que ora traz consigo inalienável couraça. O lar que cultiva a prece transforma-se em fortaleza, compreenderam? As entidades da sombra experimentam choques de vulto, em contacto com as

108 *Nos domínios da mediunidade*, André Luiz/FCX, FEB, cap. 1.

109 Idem, cap. 17.

vibrações luminosas deste santuário doméstico, e é por isso que se mantêm a distância, procurando outros rumos...[110]

Em sentido contrário, pensamentos deletérios e viciosos carregam a atmosfera espiritual, causando mal-estar, especialmente aos mais sensíveis e despreparados para ambientes dessa natureza.

No livro *Nos domínios da mediunidade*, André Luiz relata que ingressaram num restaurante barato, com a presença de homens fumantes e embriagados, acompanhados de criaturas desencarnadas de triste feição, informando que as emanações do ambiente produziam indefinível mal-estar.[111]

Em *Mecanismos da mediunidade*, nosso irmão também a isso se refere:

> Na floresta mental em que avança, o homem frequentemente se vê defrontado por vibrações subalternas que o golpeiam de rijo, compelindo-o à fadiga e à irritação, sejam elas provenientes de ondas enfermiças, partidas dos desencarnados em posição de angústia e que lhe partilham o clima psíquico, ou de oscilações desorientadas dos próprios companheiros terrestres desequilibrados a lhe respirarem o ambiente.[112]

Mas a repercussão dos nossos pensamentos não se limita ao nosso espaço próximo, estende-se de alguma forma pela cidade, pelo país e pelo planeta que habitamos. A psicosfera da Terra é o resultado do conjunto de pensamentos de todos que aqui vivemos, razão pela qual sobressai ainda mais a nossa responsabilidade em transformar o nosso mundo numa morada de luz.

Dada a nossa condição predominantemente inferior, quase sempre alimentando quadros mentais lamentáveis, sentimentos

---

110 *Os mensageiros*, André Luiz/FCX, FEB, cap. 37

111 *Nos domínios da mediunidade*, André Luiz/FCX, FEB, cap. 15.

112 *Mecanismos da mediunidade*, André Luiz/FCX, FEB, cap. 25.

inferiores e cultivando aflições, vivemos constantemente mergulhados em fluidos deletérios que agravam as nossas condições pessoais, requerendo maior esforço para a superação.

No livro *Missionários da luz*, André Luiz faz referência ao descompasso vibratório entre o ambiente de um centro espírita e o que os médiuns iriam encontrar ao retornar ao cotidiano de suas vidas, conforme o trecho a seguir:

> O instrutor interrompeu-me as íntimas considerações, exclamando:
>
> – A modificação, evidentemente, é inexprimível. Entre as vibrações harmoniosas da paisagem interior, iluminada pela oração, e a via pública, repleta de emanações inferiores, há diferenças singulares. O pensamento elevado santifica a atmosfera em torno e possui propriedades elétricas que o homem comum está longe de imaginar. A rua, no entanto, é avelhantado repositório de vibrações antagônicas, em meio de sombrios materiais psíquicos e perigosas bactérias de variada procedência, em vista de a maioria dos transeuntes lançar em circulação, incessantemente, não só as colônias imensas de micróbios diversos, mas também os maus pensamentos de toda ordem.[113]

Esse ambiente pesado, carregado de vibrações grosseiras, não se limita à crosta, mas se estende pela região considerada umbralina.

Descendo com o instrutor Aniceto de *Nosso Lar* para a crosta do planeta, André Luiz sente a diferença das vibrações e é orientado:

> – Será conveniente utilizarmos a locomoção. A atmosfera começa a pesar muitíssimo e não devemos andar muito distante de Campo da Paz. Não precisaremos ir até lá; todavia, descansaremos no Posto de Socorro. Encontraremos, ali, os recursos indispensáveis.

113 *Missionários da luz*, André Luiz/FCX, FEB, cap. 5.

> - Mas, que é isto? - perguntei, admirado da profunda modificação ambiente.
>
> - Estamos penetrando a esfera de vibrações mais fortes da mente humana. Achamo-nos a grande distância da Crosta; entretanto, já podemos identificar, desde logo, a influenciação mental da Humanidade encarnada.
>
> Grandes lutas desenrolam-se nestes planos e milhares de irmãos abnegados aqui se votam à missão de ensinar e consolar os que sofrem. Em parte alguma escasseia o amparo divino.[114]

Tempos depois, já deixando Campo da Paz num veículo, André Luiz vai anotar:

> A paisagem tornou-se, então, muito fria e diferente. Não estávamos em caminho trevoso, mas muito escuro e nevoento. Tornara-se densa a atmosfera, alterando-nos a respiração.
>
> Aniceto contemplou, conosco, a vastidão caliginosa e falou em tom grave:
>
> - Com quatro horas de locomoção, estaremos na Crosta. Reparem as sombras que nos rodeiam, identifiquem a mudança geral. Infelizmente, as emissões vibratórias da Humanidade encarnada são de natureza bastante inferior, em nos referindo à maioria das criaturas terrestres, e estas regiões estão repletas de resíduos escuros, de matéria mental dos encarnados e desencarnados de baixa condição.[115]

Na mesma obra, quando seguem rumo ao campo volitando, André Luiz, com sua visão espiritual ampliada, observa as pessoas caminhando como se arrastassem no fundo de um oceano, ouvindo em seguida a palavra de Aniceto:

---

114 *Os mensageiros*, André Luiz/FCX, FEB, cap. 15.

115 Idem, cap. 33.

- Estão vendo aquelas manchas escuras na via pública? - indagava nosso orientador, percebendo-nos a estranheza e o desejo de aprender cada vez mais.

Como não soubéssemos definir com exatidão, prosseguia explicando:

- São nuvens de bactérias variadas. Flutuam quase sempre também, em grupos compactos, obedecendo ao princípio das afinidades. Reparem aqueles arabescos de sombra...

E indicava-nos certos edifícios e certas regiões citadinas.

- Observem os grandes núcleos pardacentos ou completamente obscuros!... São zonas de matéria mental inferior, matéria que é expelida incessantemente por certa classe de pessoas. Se demorarmos em nossas investigações, veremos igualmente os monstros que se arrastam nos passos das criaturas, atraídos por elas mesmas...

Imprimindo grave inflexão às palavras, considerou:

- Tanto assalta o homem a nuvem de bactérias destruidoras da vida física, quanto as formas caprichosas das sombras que ameaçam o equilíbrio mental. Como veem, o "orai e vigiai" do Evangelho tem profunda importância em qualquer situação e a qualquer tempo. Somente os homens de mentalidade positiva, na esfera da espiritualidade superior, conseguem sobrepor-se às influências múltiplas de natureza menos digna.

Interessado, contudo, em maior esclarecimento, perguntei:

- Mas a matéria mental emitida pelo homem inferior tem vida própria como o núcleo de corpúsculos microscópicos de que se originam as enfermidades corporais?

O mentor generoso sorriu singularmente e acentuou:

- Como não? Vocês, presentemente, não desconhecem que o homem terreno vive num aparelho psicofísico. Não podemos considerar somente, no capítulo das moléstias, a situação fisiológica propriamente dita, mas também o quadro psíquico da personalidade encarnada. Ora, se temos a nuvem de bactérias produzidas pelo corpo doente, temos a nuvem de larvas mentais produzidas

> pela mente enferma, em identidade de circunstâncias. Desse modo, na esfera das criaturas desprevenidas de recursos espirituais, tanto adoecem corpos, como almas. No futuro, por esse mesmo motivo, a medicina da alma absorverá a medicina do corpo. Poderemos, na atualidade da Terra, fornecer tratamento ao organismo de carne. Semelhante tarefa dignifica a missão do consolo, da instrução e do alívio. Mas, no que concerne à cura real, somos forçados a reconhecer que esta pertence exclusivamente ao homem-espírito.[116]

Portanto, nossa infeliz condição mental, exteriorizando pensamentos de baixa vibração - de ódio, culpa, de vingança, cupidez, libidinagem etc. -, dá origem a determinadas formas-pensamento, impregnadas de fluidos vitais que assumem a qualidade da onda mental que os carregam, as quais, por falta de terminologia adequada, são chamadas de larvas mentais.

Assim como André Luiz se surpreendeu com essas larvas psíquicas, confesso que também não é fácil imaginar uma ocorrência dessa natureza, até que ponto os nossos pensamentos são forças criadoras, para o bem e para o mal.

Mas, em *A Gênese*, ensina Allan Kardec sobre a qualidade dos fluidos:

> Os fluidos não possuem qualidades *sui generis*, mas as que adquirem no meio onde se elaboram; modificam-se pelos eflúvios desse meio, como o ar pelas exalações, a água pelos sais das camadas que atravessa.
>
> Conforme as circunstâncias, suas qualidades são, como as da água e do ar, temporárias ou permanentes, o que os torna muito especialmente apropriados à produção de tais ou tais efeitos.
>
> ...
>
> Sob o ponto de vista moral, trazem o cunho dos sentimentos

116 Idem, cap. 40.

> de ódio, de inveja, de ciúme, de orgulho, de egoísmo, de violência, de hipocrisia, de bondade, de benevolência, de amor, de caridade, de doçura etc.
>
> Sob o aspecto físico, são excitantes, calmantes, penetrantes, adstringentes, irritantes, dulcificantes, soporíficos, narcóticos, tóxicos, reparadores, expulsivos; tornam-se força de transmissão, de propulsão etc.[117]

Fica mais fácil, dessa forma, compreendermos que as larvas espirituais são criações mentais qualificadas por sentimentos negativos, de baixa vibração, que adquirem certa independência e podem subsistir nos corpos de quem as fomenta, mas também podem contagiar outros, impregnar ambientes e a psicosfera, causando mal-estar e doenças.

Valendo-nos da palavra do Codificador, o pensamento amoroso quando da transmissão de um passe espírita vai carregar fluidos calmantes ou reparadores, mas o pensamento de ódio ou de culpa carrega fluidos tóxicos que se acumularão formando corpúsculos que destruirão, por exemplo, a saúde do corpo físico.

Falei dos pensamentos que gravitam próximos daqueles que os emitem, e agora é importante que se saiba que o pensamento se espraia para um espaço imensurável.

No livro *Ação e reação*, André Luiz anota os esclarecimentos do assistente Silas a respeito da velocidade do pensamento.

> – Reporto-me ao assunto para lembrar que na radiofonia e na televisão os elétrons que carreiam as modulações da palavra e os elementos da imagem se deslocam no espaço com velocidade igual à da luz, ou seja, a trezentos mil quilômetros por segundo. Ora, num só local podem funcionar um posto de emissão e outro de recepção, compreendendo-se que, num segundo, as palavras

117 *A Gênese*, Allan Kardec, tradução Guillon Ribeiro, FEB, cap. XIV, item 17.

> e as imagens podem ser irradiadas e captadas, simultaneamente, depois de atravessarem imensos domínios do espaço, em fração infinitesimal de tempo. Imaginemos agora o pensamento, força viva e atuante, cuja velocidade supera a da luz. Emitido por nós, volta inevitavelmente a nós mesmos, compelindo-nos a viver, de maneira espontânea, em sua onda de formas criadoras, que naturalmente se nos fixam no espírito quando alimentadas pelo combustível de nosso desejo ou de nossa atenção.[118]

André Luiz explica a respeito no livro *Mecanismos da mediunidade*:

> Recorrendo ao "campo" de Einstein, imaginemos a mente humana no lugar da chama em atividade. Assim como a intensidade de influência da chama diminui com a distância do núcleo de energias em combustão, demonstrando fração cada vez menor, sem nunca atingir a zero, a corrente mental se espraia, segundo o mesmo princípio, não obstante a diferença de condições.[119]

Nem todo pensamento, porém, guarda força suficiente para repercutir no meio próximo ou no universo, uma vez que seu potencial de irradiação depende do estado de concentração mental do indivíduo.

Diz André Luiz, ainda em *Mecanismos da mediunidade*:

> [...] se a mente jaz desatenciosa, como que mantendo o cérebro em circuito aberto, forma-se, no mundo intracraniano, reduzida força mentocriativa que não determina qualquer corrente circulante no campo individual: mas, se a mente está concentrada, fazendo convergir sobre si mesma as próprias oscilações, a força mentocriativa gerada produz uma corrente no campo da personalidade que, a seu turno, provoca a formação de energia mental de sentido análogo

---

118 *Ação e reação*, André Luiz/FCX, FEB, cap. 4.

119 *Mecanismos da mediunidade*, André Luiz/FCX, FEB, cap. 4.

> àquele em que se exprime o magnetismo de resíduo, dilatando o fluxo até que a força aludida atinja o seu valor máximo...

E prossegue explicando que a força mental é reduzida no caso de cérebros primitivos ou de pessoas entregues a profunda e reiterada ociosidade espiritual; também no caso de monoideísmo vicioso, quase sempre agravado por influências obsessivas; e ainda por causa de deficiência da aparelhagem orgânica, por motivo de enfermidade ou perturbações temporárias, oriundas do relaxamento da criatura, no trato com o próprio corpo.[120]

Em geral, porém, nossas ondas mentais seguem adiante e vão se conjugar a outras de mesma natureza, criando situações das mais variadas, estimulando a alegria ou potencializando tristezas, assim contribuindo para o ambiente espiritual no planeta.

Viajando no fluido universal, nossos pensamentos alcançam as criaturas que são de nosso interesse, estejam onde estiverem, encarnados ou desencarnados, afetando-as de alguma forma, desde que conosco sintonizadas.

É impressionante saber que as baixas vibrações da Humanidade, como um todo, podem se espraiar além da nossa atmosfera e seguir rumo aos planetas próximos, que são compelidos a se proteger. É sobre isso que nos fala André Luiz no livro *Os mensageiros*, a propósito da Segunda Grande Guerra:

> Aniceto voltou a considerar, após silêncio mais longo:
>
> - Estive pessoalmente, a semana passada, em "Alvorada Nova", que fica em zonas mais altas, e vim a saber que avançados núcleos de espiritualidade superior, dos planetas vizinhos, desde as primeiras declarações desta guerra, determinaram providências de máxima vigilância, nas fronteiras vibratórias mantidas conosco. Ensinam-nos os vizinhos beneméritos que devemos suportar, nos próprios ombros, toda a produção de

---

120 Idem, cap. 9.

> mal que levarmos a efeito. Somos, finalmente, a casa grande, obrigada a lavar a roupa suja nas próprias dependências.[121]

Não obstante a explicação de André Luiz no sentido de que a onda mental diminui a sua força na medida do distanciamento do foco gerador, sem, contudo, se perder, as ondas de natureza inferior, com seus fluidos deletérios e formas-pensamento, podem ser desintegradas pela ação dos espíritos superiores, assim como pelos raios solares, como esclareceu o instrutor Alexandre:

> Os raios solares, nas horas diurnas, destroem grande parte das criações mentais inferiores dos doentes em estado melindroso, não acontecendo o mesmo à noite, quando o magnetismo lunar favorece as criações de qualquer espécie, boas ou más.[122]

No livro *Obreiros da vida eterna*, André Luiz conta sobre o "fogo purificador", que é provocado por desintegradores etéricos e utilizado sempre quando os resíduos inferiores de matéria mental se amontoam excessivamente no plano, com isso se evitando as tempestades magnéticas que surgem quando do acúmulo desses resíduos.[123]

Quero fechar este capítulo tratando da memória do Universo, que seria uma propriedade do fluido cósmico. São os chamados registros akáshicos dos esotéricos. Nessa cogitação, o éter teria a propriedade de acumular em camadas as imagens e sons dos fatos ocorridos no espaço em que vivemos, assim como faz a nossa memória. Esses arquivos poderiam eventualmente ser acessados pelos espíritos ou pelos sensitivos psicômetras.

O pesquisador espírita Ernesto Bozzano admite essa possibilidade e trata disso em seu livro *Enigmas da psicometria*, tirando suas conclusões após o estudo de vários casos.

---

121 *Os mensageiros*, André Luiz/FCX, FEB, cap. 18.
122 *Missionários da luz*, André Luiz/FCX, FEB, cap. 7.
123 *Obreiros da vida eterna*, André Luiz/FCX, FEB, cap.10.

> Passamos, em seguida, aos fenômenos que têm uma certa afinidade com os precedentes, nos quais as percepções psicométricas não provinham de um recinto fechado, como um quarto, mas de um local aberto, tal como um campo, e atingiam acontecimentos históricos anteriores de séculos.
>
> Essas percepções não poderiam explicar-se senão admitindo, ou supondo, que os sistemas de vibrações correspondentes à atividade dos seres vivos e à matéria inanimada fossem registrados e conservados por um meio etérico.[124]

Em outro trecho, Bozzano afirma:

> De fato, se conferirmos ao éter do espaço, imanente e imaterial no Universo, a função de registrar e conservar todas as vibrações constitutivas da atividade da Criação, havemos de atribuir-lhe, cumulativamente, os atributos de Onisciência, Onipresença e Onipotência, o que equivale por dizer a Autoconsciência, de vez que aqueles atributos implicam, necessariamente, uma Inteligência Infinita.
>
> E assim, vemos impor-se, consequente, a grandiosa concepção do Éter-Deus.[125]

Muito interessante essa análise, porquanto o éter ou fluido cósmico é considerado pelos espíritos o veículo do pensamento divino[126], o hálito divino[127], mera maneira de nos expressarmos, por comparação, já que não temos como desvendar e catalogar a essência do Criador.

Acredita-se, daí, que a onisciência divina estaria relacionada com o fluido universal, que tudo registra e informa, mais ou menos como o sistema nervoso informa ao cérebro o que acontece nos pés.

---

124 *Enigmas da psicometria*, Ernesto Bozzano, FEB.

125 Idem.

126 *O consolador*, Emmanuel/FCX, FEB, questão 20.

127 *Mecanismos da mediunidade*, André Luiz/FCX, FEB, cap. 4.

Allan Kardec, em *A Gênese*, também faz considerações nesse sentido, conforme apresento a seguir:

> Seja ou não assim no que concerne ao pensamento de Deus, isto é, que o pensamento de Deus atue diretamente ou por intermédio de um fluido, para facilitar a nossa inteligência, figuremo-lo sob a forma concreta de um fluido inteligente que enche o universo infinito e penetra todas as partes da Criação: a natureza inteira está mergulhada no fluido divino.
>
> Ora, em virtude do princípio de que as partes de um todo são da mesma natureza e têm as mesmas propriedades que ele, cada átomo desse fluido, se assim nos podemos exprimir, possuindo o pensamento, isto é, os atributos essenciais da Divindade e estando o mesmo fluido em toda parte, tudo está submetido à sua ação inteligente, à sua previdência, à sua solicitude.
>
> Nenhum ser haverá, por mais ínfimo que o suponhamos, que não esteja saturado dele. Achamo-nos então, constantemente, em presença da Divindade; nenhuma das nossas ações lhe podemos subtrair ao olhar; o nosso pensamento está em contato ininterrupto com o seu pensamento, havendo, pois, razão para dizer-se que Deus vê os mais profundos refolhos do nosso coração. Estamos n´Ele, como Ele está em nós, segundo a palavra do Cristo (1 João, 4:13).[128]

Quando Kardec se refere a um fluido inteligente, não quer dizer que seja um outro elemento universal, mas assim ele rotula o mesmo fluido universal pelas propriedades de registro e transmissão dos pensamentos. É a interpretação que se faz do parágrafo anterior, o qual ele termina argumentando: "Assim como dizemos que o ar se torna sonoro, poderíamos, tomando o efeito pela causa, dizer que o fluido se torna inteligente".

---

128 *A Gênese*, Allan Kardec, tradução Guillon Ribeiro, FEB, cap. II, item 24.

14. PENSAMENTO E COMUNICAÇÃO

A RELEVÂNCIA DO PENSAMENTO tem a ver com a nossa evolução em busca da purificação, mas que passa necessariamente pela comunicação. Já falei sobre isso anteriormente e destaquei a contribuição da palavra para o progresso individual e coletivo.

Somos seres sociais e viver em grupo faz parte do atendimento das nossas necessidades. Nossa interação é com a natureza, os animais e as coisas, mas é especialmente com o semelhante, encarnado ou desencarnado, pois compomos uma mesma Humanidade.

O pensamento é o nosso meio de comunicação. A mente tem ideias, desejos e sentimentos, que o corpo mental converte em pensamentos e os exterioriza. Os corpos espirituais e o físico são os instrumentos de execução, quando estamos apenas no plano etéreo ou reencarnados.

Quando reencarnados dependemos das possibilidades de um corpo grosseiro para falar, escrever, manusear ou fazer gestos. Nossa comunicação ainda é um processo em aperfeiçoamento e temos muitas barreiras a vencer, apesar da tecnologia que já dispomos. Mas o pensamento é onda mental que se propaga no fluido cósmico e irradia sem cessar, em qualquer situação, sem que a caixa craniana lhe seja um impedimento, daí ser um grande engano a pessoa imaginar que o que pensa fica só para ela, guardado na cabeça.

Allan Kardec estudou a transmissão oculta do pensamento entre os encarnados. Seria uma comunicação não verbal, silenciosa.

Vejamos a questão 421 de *O Livro dos Espíritos*:

> Como se explica que duas pessoas, perfeitamente acordadas, tenham instantaneamente a mesma ideia?
> - São dois espíritos simpáticos, que se comunicam e veem reciprocamente seus pensamentos respectivos, embora não estejam adormecidos os corpos.[129]

Na sequência, comenta Kardec:

> Há, entre os espíritos que se encontram, uma comunicação de pensamento, que dá causa a que duas pessoas se vejam e compreendam sem precisarem dos sinais ostensivos da linguagem. Poder-se-ia dizer que falam entre si a linguagem dos espíritos.

Quando penso fortemente em alguém, o faço lembrando da sua imagem ou de alguma situação, tenho sentimentos e emoções, e automaticamente crio uma corrente fluídica que segue na direção do alvo. Em havendo sintonia, a pessoa poderá ter a lembrança do meu nome ou imagem, proporcionando bem-estar, preocupação ou até mesmo uma sensação ruim, conforme a qualidade dos fluidos do pensamento.

É ocorrência comum no dia a dia, quando alguém sobre quem falávamos chega de surpresa, telefona ou dela temos alguma informação por terceiros; ou quando duas pessoas muito afins têm os mesmos pensamentos, inclusive se utilizando das mesmas expressões. Quanto mais ligadas, quanto mais harmonia, mais essa mútua percepção de ideias e pensamentos ocorre.

A ciência chama essa comunicação de telepatia e variados experimentos já foram feitos nesse sentido.

---

129 *O Livro dos Espíritos*, Allan Kardec, tradução Guillon Ribeiro, FEB.

Léon Denis comenta a respeito:

> A telepatia, ou projeção à distância do pensamento e mesmo da imagem do manifestante, faz-nos subir mais um degrau na escala da vida psíquica. Aqui, achamo-nos na presença de um ato poderoso da vontade. A alma comunica-se a si própria, comunicando a sua vibração, o que demonstra à evidência que a alma não é um composto, uma resultante nem um agregado de forças, mas sim, pelo contrário, o centro da vida e da vontade, centro dinâmico que governa o organismo e dirige-lhe as funções. As manifestações telepáticas não comportam limites. O poder e a independência da alma nelas se revelam soberanamente, porque o corpo nenhum papel representa no fenômeno. É mais um obstáculo do que um auxílio. Produzem-se, por esse motivo, ainda com maior intensidade, depois da morte, como a seu tempo veremos.[130]

Além disso, esse notável filósofo do pensamento espírita, considera:

> O homem conquista novos poderes psíquicos que lhe permitirão, um dia, manifestar o seu pensamento a todas as distâncias, sem intermediário material. Esse progresso constitui um dos mais magníficos estádios da humanidade para uma vida mais intensa e livre.
>
> Poderá ser o prelúdio da maior revolução moral que se tenha realizado em nosso Globo. Por esse modo seria realmente vencido, ou consideravelmente atenuado, o mal.
>
> Quando o homem já não tiver segredos, quando se lhe puder ler no cérebro os pensamentos, ele não mais se atreverá a pensar no mal e, por conseguinte, a fazer o mal. Assim, a alma humana elevar-se-á sempre, subindo pela escala dos desenvolvimentos

130 *O problema do ser, do destino e da dor*, Léon Denis, FEB, 1ª parte, item VI.

> infinitos. Tempos virão em que a inteligência há de predominar cada vez mais, desembaraçando-se da crisálida carnal, estendendo, afirmando o seu domínio sobre a matéria, criando com os seus esforços meios novos e mais amplos de percepção e manifestação. Apurando-se, por sua vez, os sentidos, verão eles ampliar-se-lhes o círculo de ação. O cérebro humano tornar-se-á um templo misterioso, de vastas e profundas naves, cheias de harmonias, vozes e perfumes, instrumento admirável ao serviço de um espírito que se tornou mais sutil e poderoso.[131]

No livro *Nos domínios da mediunidade*, capítulo Dominação Telepática,[132] André Luiz conta uma interessante situação que ilustra o nosso assunto. Trata-se do casal Jovino e Anésia, e os dois estão em conflito porque o marido se encantara por uma outra mulher e negligenciava os seus deveres. Jovino se preparava para sair alegando que tinha um compromisso de negócios e diz que não poderia participar do momento de preces para o qual foi convidado.

André conta que enquanto Jovino falava surgiu-lhe à frente dos olhos a surpreendente imagem de mulher, "qual se fora projetada sobre ele a distância, aparecendo e desaparecendo com intermitências".

E prossegue a narrativa:

> A companheira humilhada caiu em pranto silencioso sobre velha poltrona e começou a pensar, articulando frases sem palavras:
>
> - "Negócios, negócios... Quanta mentira sobre mentira! Uma nova mulher, isso sim!... Mulher sem coração que não nos vê os problemas... Dívidas, trabalhos, canseiras! Nossa casa hipotecada, nossa velhinha a morrer!... Nossas filhas cedo arremessadas à luta pela própria subsistência!"

---

131 Idem.

132 *Nos domínios da mediunidade*, André Luiz/FCX, FEB, cap. 19.

Enquanto as reflexões dela se faziam audíveis para nós, irradiando-se na sala estreita, vimos de novo a mesma figura de mulher que surgira à frente de Jovino, aparecendo e reaparecendo ao redor da esposa triste, como que a fustigar-lhe o coração com invisíveis estiletes de angústia, porque Anésia acusava agora indefinível mal-estar.

Não via com os olhos a estranha e indesejável visita, no entanto, assinalava-lhe a presença em forma de incoercível tribulação mental. De inesperado, passou da meditação pacífica a tempestuosos pensamentos.

...

À medida, porém, que Anésia monologava intimamente em termos de revide, a imagem projetada de longe abeirava-se dela com maior intensidade, como que a corporificar-se no ambiente para infundir-lhe mais amplo mal-estar.

A mulher que empolgava o espírito de Jovino ali surgia agora visivelmente materializada aos nossos olhos. E as duas, assumindo a posição de francas inimigas, passaram à contenda mental.

Lembranças amargas, palavras duras, recíprocas acusações. A esposa atormentada passou a sentir desagradáveis sensações orgânicas. O sangue afluía-lhe com abundância à cabeça, impondo-lhe aflitiva tensão cerebral. Quanto mais se lhe dilatavam os pensamentos de revolta e amargura, mais se lhe avultava o desequilíbrio físico.

André quer saber de Áulus se é um fenômeno comum, e narra os ensinamentos recebidos:

– Intensamente generalizado. É a influenciação de almas encarnadas entre si que, às vezes alcança o clima de perigosa obsessão. Milhões de lares podem ser comparados a trincheiras de luta, em que pensamentos guerreiam pensamentos, assumindo as mais diversas formas de angústias e repulsão.

- E poderíamos enquadrar o assunto nos domínios da mediunidade?

- Perfeitamente, cabendo-nos acrescentar ainda que o fenômeno pertence à sintonia. Muitos processos de alienação mental guardam nele as origens. Muitas vezes, dentro do mesmo lar, da mesma família ou da mesma instituição, adversários ferrenhos do passado se reencontram. Chamados pela Esfera Superior ao reajuste, raramente conseguem superar a aversão de que se veem possuídos, uns à frente dos outros, e alimentam com paixão, no imo de si mesmos, os raios tóxicos da antipatia que, concentrados, se transformam em venenos magnéticos, suscetíveis de provocar a enfermidade e a morte. Para isso, não será necessário que a perseguição recíproca se expresse em contendas visíveis. Bastam as vibrações silenciosas de crueldade e despeito, ódio e ciúme, violência e desespero, as quais, alimentadas, de parte a parte, constituem corrosivos destruidores.

Finda ligeira pausa, o assistente continuou:

- O pensamento exterioriza-se e projeta-se, formando imagens e sugestões que arremessa sobre os objetivos que se propõe atingir. Quando benigno e edificante, ajusta-se às leis que nos regem, criando harmonia e felicidade, todavia, quando desequilibrado e deprimente, estabelece aflição e ruína. A química mental vive na base de todas as transformações, porque realmente evoluímos em profunda comunhão telepática com todos aqueles encarnados ou desencarnados que se afinam conosco.

A imagem mencionada é uma forma-pensamento da outra mulher, que certamente mentalizava fortemente Jovino, a qual ensejou o diálogo mental com Anésia quando esta com ela se conectou por albergar sentimento de revolta.

Se os encarnados, com seus potenciais reduzidos por causa do corpo grosseiro, podem trocar pensamentos, mais fácil é a comunicação entre um encarnado e um desencarnado, ainda que para o primeiro isso não se dê conscientemente.

Nossos pensamentos, já vimos, podem ser identificados nas nossas auras, mas a onda mental igualmente pode alcançar os desencarnados nos quais pensamos firmemente. E tanto faz aqui se somente pensamos ou se nos expressamos também de maneira verbal; ou se o fazemos de forma intencional, desejando mesmo um contato, ou se desconhecemos essa possibilidade de comunicação.

No livro *Os mensageiros*, André narra o diálogo de um trabalhador espiritual com Alfredo, o então diretor de um posto de serviço de *Nosso Lar* nas regiões umbralinas:

> Alonso deixou de sorrir, mostrou os olhos rasos d´água e falou em voz súplice:
>
> - Reconheço, senhor Alfredo, a oportunidade de suas observações. Graças a Jesus, venho melhorando minha vida mental, nos deveres novos que me concedeu e, de fato, sinto-me renovado espiritualmente. Sei que sua palavra não me advertiria sem razão, mas, ousaria pedir licença para visitar a esposa e os filhos. À noite, quando me concentro nas preces habituais, sinto, em torno de mim, os seus pensamentos. Esses pensamentos me penetram fundo, atraindo-me toda a atenção para a Terra. Às vezes, consigo repousar um pouco, mas com muita dificuldade. Sei que a esposa e os filhos estão chamando, dolorosamente, por mim. Esta certeza me perturba de algum modo. Não tenho sentido a mesma firmeza para o trabalho diário e desejaria remediar a situação. Reconheço que minhas obrigações, presentemente, são outras e que devo estar conformado; no entanto, confesso que minha luta espiritual tem sido bem grande. Estou certo de que me perdoará a fraqueza. Que chefe de família não se sentiria atormentado, ouvindo angustiosos apelos do lar, sem meios de atender, como se faz indispensável?[133]

133 *Os mensageiros*, André Luiz/FCX, FEB, cap. 26

As aflições de Alonso são para nós um alerta para que tomemos cuidado para não preocuparmos os nossos entes queridos desencarnados com as nossas próprias dificuldades e sofrimentos, com chamamentos indevidos, porquanto a desencarnação não os coloca automaticamente em condições de nos socorrer, mas, pelo contrário, nossas súplicas serão motivo de maior sofrimento para eles.

De outro lado, devemos evitar pensamentos de ódio ou de crítica contra os "mortos", porque, em verdade, ninguém morre e o desencarnado poderá vir ao nosso encontro em atenção ao nosso chamado mental, entrando em conflito conosco ou iniciando um processo obsessivo.

No livro *Obreiros da vida eterna*, André Luiz acompanha o velório do médium Dimas, o pranto dos familiares e os comentários dos presentes, e anota a explicação do amigo espiritual chamado Fabriciano:

> - As imagens contidas nas evocações das palestras incidem sobre a mente do desencarnado, mantido em repouso depois de rápido mergulho na contemplação dos fatos alusivos à existência finda. Não somente as imagens. Por vezes, nossos amigos presentes, fecundos nas conversações sem proveito, exumem, com tamanho calor, a lembrança de certos fatos, que trazem até aqui alguns dos protagonistas já desencarnados.

E interessante é o acontecimento que André observou logo em seguida, quando um dos presentes começou a contar que Dimas morreu guardando um segredo, pois presenciara determinado chefe político matar um pobre operário que o viu sair furtivamente da casa de uma mulher casada, mas não o denunciou à polícia.

Vejamos o que conta André Luiz sobre o que se passou logo em seguida aos comentários:

> Nesse momento, horrível figura, seguida de outras, não menos monstruosas, surgiu de inesperado. Acercando-se do leviano comentador, ouviu-lhe, ainda, as últimas palavras, sacudiu-o e gritou:
>
> – Sou eu o assassino! Que quer você de mim? Por que me chama? É juiz?!
>
> O narrador não enxergara o que eu via, mas seu corpo foi atingido por involuntário estremeção, que arrancou abafado riso dos presentes.[134]

Algumas pessoas, porém, com sentimentos inferiores e pretensões para o mal, sabendo da existência dos espíritos, procuram invocá-los pelos pensamentos para que sejam úteis aos seus propósitos malignos.

Allan Kardec, em *O Livro dos Espíritos*, trata dos conúbios entre encarnados e desencarnados de baixa condição, sendo orientado no sentido de que aquele que

> [...] intenta praticar uma ação má, pelo simples fato de alimentar essa intenção, chama em seu auxílio maus espíritos, aos quais fica então obrigado a servir, porque dele também precisam esses espíritos, para o mal que queiram fazer.[135]

Evidentemente, essas ligações com os espíritos inferiores têm um preço moral e espiritual e quem com eles se vincula acaba quase sempre a eles se escravizando em graves processos obsessivos.

Na obra *Entre a Terra e o Céu*, André Luiz recebe este ensinamento do ministro Clarêncio:

> – Quando alguém nutre o desejo de perpetrar uma falta está invocando forças inferiores e mobilizando recursos pelos quais

134 *Obreiros da vida eterna*, André Luiz/FCX, FEB, cap. 14.
135 *O Livro dos Espíritos*, Allan Kardec, tradução Guillon Ribeiro, FEB, questão 549.

> se responsabilizará. Através dos impulsos infelizes de nossa alma, muitas vezes descemos às desvairadas vibrações da cólera ou do vício e, de semelhante posição, é fácil cairmos no enredado poço do crime, em cujas furnas nos ligamos, de imediato, a certas mentes estagnadas na ignorância, que se fazem instrumentos de nossas baixas idealizações ou das quais nos tornamos deploráveis joguetes na sombra. Todas as nossas aspirações movimentam energias para o bem ou para o mal. Por isso mesmo, a direção delas permanece afeta à nossa responsabilidade. Analisemos com cuidado a nossa escolha, em qualquer problema ou situação do caminho que nos é dado percorrer, porquanto o nosso pensamento voará, diante de nós, atraindo e formando a realização que nos propomos atingir e, em qualquer setor da existência, a vida responde, segundo a nossa solicitação. Seremos devedores dela pelo que houvermos recebido.[136]

O que vimos acima nos adverte para que não tenhamos pensamentos infelizes contra ninguém, muito menos contra os desencarnados; pelo contrário, nossas relações com os espíritos devem ser pautadas por pensamentos sempre elevados.

E se pelo pensamento podemos pedir auxílio de espíritos inferiores para prejudicar alguém, igualmente podemos e devemos endereçá-lo aos bons rogando ajuda a terceiros, através das preces mais sinceras e fervorosas.

Em *O Livro dos Espíritos*, tratando da oração, Kardec comentou:

> O pensamento e a vontade representam em nós um poder de ação que alcança muito além dos limites da nossa esfera corporal. A prece que façamos por outrem é um ato dessa vontade. Se for ardente e sincera, pode chamar, em auxílio daquele por quem oramos, os bons espíritos, que lhe virão sugerir bons pensamentos

136 *Entre a Terra e o Céu*, André Luiz/FCX, FEB, cap. 1.

> e dar a força de que necessitem seu corpo e sua alma. Mas, ainda aqui, a prece do coração é tudo, a dos lábios nada vale.[137]

Nossos bons pensamentos também podem ser enviados diretamente aos entes queridos ou outros sofredores e, ainda que não tenham o poder de lhes tirar da situação penosa em que se encontrem, de alguma sorte os beneficiará.

Nesse sentido um ensinamento dos espíritos ao Codificador:

> A prece não pode ter por efeito mudar os desígnios de Deus, mas a alma por quem se ora experimenta alívio, porque recebe assim um testemunho do interesse que inspira àquele que por ela pede e também porque o desgraçado sente sempre um refrigério, quando encontra almas caridosas que se compadecem de suas dores. Por outro lado, mediante a prece, aquele que ora concita o desgraçado ao arrependimento e ao desejo de fazer o que é necessário para ser feliz. Neste sentido é que se lhe pode abreviar a pena, se, por sua parte, ele secunda a prece com a boa vontade. O desejo de melhorar-se, despertado pela prece, atrai para junto do espírito sofredor espíritos melhores, que o vão esclarecer, consolar e dar-lhe esperanças. Jesus orava pelas ovelhas desgarradas, mostrando-vos, desse modo, que culpados vos tornaríeis, se não fizésseis o mesmo pelos que mais necessitam das vossas preces.[138]

Pelo livro *Memórias de um suicida*, temos notícia até de aparelhagem existente no Hospital de Maria para a recepção de orações em favor dos suicidas que ali se encontravam em tratamento. Assim a descrição do autor espiritual:

137 *O Livro dos Espíritos*, Allan Kardec, tradução Guillon Ribeiro, FEB, questão 662.
138 Idem, questão 664.

> Existia em cada dormitório certo aparelhamento delicadíssimo, estruturado em substâncias eletromagnéticas, que, acumulando potencialidade inavaliável de atração, seleção, reprodução e transmissão, estampava em região espelhenta, que lhe era parte integrante, quaisquer imagens e sons que benévola e caridosamente nos fossem dirigidos. Quando um coração generoso, pertencente às nossas famílias ou mesmo para nós desconhecido, arremessasse vibrações fraternas pelas imensidões do Espaço, ao Pai Altíssimo invocando mercês para nossas almas enoitadas pelos dissabores, éramos imediatamente informados por luminosidade repentina, que, traduzindo o balbucio da oração, reproduzia também a imagem da personalidade operante, o que, às vezes, sobremodo nos surpreendia, visto acontecer que pessoas a quem nem sempre distinguíramos com afeição e desvelo se apresentavam frequentemente ao espelho magnético, enquanto outras, que de nossos corações obtiveram as máximas solicitudes, raramente mitigavam as asperezas da nossa íntima situação com as blandícias santificantes da prece! Poderíamos, assim, saber de quanto pensassem a nosso respeito; das súplicas dirigidas às Divinas Potestades, de todo o bem que nos pudessem desejar ou, a nosso favor, praticar.[139]

Enfim, podemos, na condição de encarnados, manter contato e nos comunicarmos com os espíritos pelos pensamentos, com o cuidado de o fazermos sempre de forma elevada. Estamos falando de comunicação mente a mente, porque oportunamente falaremos sobre a importância do pensamento no exercício da mediunidade.

Os espíritos sofredores recebem os nossos pensamentos com reconhecimento e gratidão, nisso encontrando um pouco de conforto. Os amigos e familiares desencarnados se alegram por

---

139 *Memórias de um suicida*, Camilo Castelo Branco/Yvonne A. Pereira, FEB, cap.IV.

serem lembrados com carinho e se rejubilam, animando-se cheios de esperança para prosseguirem avançando no aprendizado do amor. Também eles sentem saudade e anseio pelo momento de novamente estarem com seus afetos.

Acontece, corriqueiramente, de tentarmos manter contato com algum espírito através dos nossos pensamentos, em oração de rogativa, mas não ser possível em face das condições do desencarnado, no entanto, quando se trata de uma rogativa sincera e uma real necessidade, o apelo não ficará sem atendimento divino. André Luiz nos traz a informação sobre a ocorrência de uma prece refratada.

No livro *Entre a Terra e o Céu*, o ministro Clarêncio leciona:

> Cada prece, tanto quanto cada emissão de força, se caracteriza por determinado potencial de frequência e todos estamos cercados por Inteligências capazes de sintonizar com o nosso apelo, à maneira de estações receptoras. [...]

A prece refratada é aquela cujo impulso luminoso teve a sua direção desviada, passando a outro objetivo.[140]

O assunto veio à tona porque a jovem Evelina, uma servidora de *Nosso Lar* reencarnada, em situação aflitiva:

> ... Chorava, comovedoramente, diante da fotografia da mãezinha desencarnada, suplicando-lhe proteção. Odila, porém, envolvida nas teias das próprias criações mentais, não se mostra capaz de corresponder à confiança e à ternura da menina. Ela, entretanto, tem insistido com tal vigor na obtenção de socorro espiritual que as suas rogativas, quebrando a direção, chegam até aqui, de tal modo...[141]

140 *Entre a Terra e o Céu*, André Luiz/FCX, cap. 1 e 2.
141 Idem.

O curioso aqui é a informação de que a prece foi recebida e registrada num gráfico, por trabalhadores que se localizavam numa sala, evidenciando que a Espiritualidade possui departamentos para recepção dos pensamentos em prece.

No livro *Nas fronteiras da loucura*, Manoel Philomeno de Miranda também fala disso, referindo-se a um centro de comunicação montado pela equipe do doutor Bezerra de Menezes, nos serviços espirituais de socorro prestados num período de carnaval:

> Outrossim, o nosso centro de comunicações registrava apelos e notícias de vária ordem, donde emanavam as diretrizes para o atendimento dos casos passíveis de ajuda imediata. Os outros ficavam selecionados para ulteriores providências, quando diminuíssem os fatores desagregantes do equilíbrio geral.
>
> Pessoas sinceramente afervoradas ao bem enviavam pedidos de ajuda, intercediam por familiares a um passo de tombarem nos aliciamentos extravagantes e fatais.
>
> Os seletores de preces facultavam ligações com os Núcleos Superiores da Vida, ao mesmo tempo intercambiando forças de auxílio aos orantes contritos, enquanto aparelhagens específicas acolhiam pensamentos e força psíquicas que se transformavam em agentes energéticos que irradiavam correntes diluentes das condensações deletérias.[142]

A propósito da atuação do doutor Bezerra de Menezes, André Luiz anota, no livro *Ação e reação*, a afirmação do instrutor Silas a respeito de preces dirigidas ao missionário por um espírito feminino no templo da Mansão da Paz, uma instituição de socorro localizada nas regiões umbralinas.

---

142 *Nas fronteiras da loucura*, Manoel P. Miranda/DPF, LEAL, cap. 1.

> – Com mais de cinquenta anos consecutivos de serviço à Causa Espírita, depois de desencarnado, Adolfo Bezerra de Menezes fez jus à formação de extensa equipe de colaboradores que lhe servem à bandeira de caridade. Centenas de espíritos estudiosos e benevolentes obedecem-lhe às diretrizes na lavoura do bem, na qual opera ele em nome do Cristo.

E ante a observação de Hilário de que seria assim que o grande apóstolo se manifestaria em vários lugares, Silas vai dizer da sua capacidade de irradiação do pensamento a vários colaboradores:

> – Como acontece na radiofonia, em que uma estação emissora está para os postos de recepção, assim qual uma só cabeça pensante para milhões de braços, um grande missionário da luz, em ação no bem, pode refletir-se em dezenas ou centenas de companheiros que lhe acatam a orientação no trabalho ajustado aos desígnios do Senhor. Bezerra de Menezes, invocado carinhosamente, em tantas instituições e lares espíritas, ajuda em todos eles, pessoalmente ou por intermédio das entidades que o representam com extrema fidelidade.[143]

Vou então, a seguir, tratar exatamente da comunicação entre os desencarnados.

Trago inicialmente, o que Allan Kardec ensina sobre essa questão. Em *O Livro dos Espíritos*, pergunta 282, o Codificador quer saber como se comunicam entre si os espíritos, recebendo a seguinte resposta:

> Eles se veem e se compreendem. A palavra é material: é o reflexo do espírito. O fluido universal estabelece entre eles constante comunicação; é o veículo da transmissão de seus

143 *Ação e reação*, André Luiz/FCX, FEB, cap. 11.

> pensamentos, como, para vós, o ar o é do som. É uma espécie de telégrafo universal, que liga todos os mundos e permite que os espíritos se correspondam de um mundo a outro.[144]

E, pela resposta à questão 283,

> [...] os espíritos não podem dissimular seus pensamentos, reciprocamente, porque para eles tudo é patente, sobretudo para os perfeitos; podem afastar-se uns dos outros, mas sempre se veem. Isto, porém, não constitui regra absoluta, porquanto certos espíritos podem muito bem tornar-se invisíveis a outros espíritos, se julgarem útil fazê-lo.[145]

Numa leitura geral das obras de Kardec pode parecer que a comunicação entre os espíritos desencarnados se dá unicamente pelo pensamento e que nada é oculto entre eles. Pela literatura espírita, porém, essa comunicação pode dar-se de outras formas, especialmente nas esferas ainda mais grosseiras. Devemos entender que *O Livro dos Espíritos*, a primeira obra da codificação, oferece-nos a generalidade, ou seja, as possibilidades imanentes aos espíritos; além disso, sendo uma obra básica, não poderia tratar de todas as particularidades, cujos esclarecimentos ficaram por conta das obras que viriam a seguir.

Começo dizendo que, sim, os espíritos podem se comunicar apenas pelo pensamento, embora isso dependa da maior elevação deles ou de haver uma sintonia. Os superiores muito facilmente identificam os pensamentos dos inferiores, mas a sintonia é necessária entre aqueles que se encontram na mesma faixa evolutiva.

Para exemplificar a fácil comunicação pelo pensamento entre os espíritos elevados, sobre o que não tenho dúvida, trago apenas uma

---

144 *O Livro dos Espíritos*, Allan Kardec, tradução Guillon Ribeiro, FEB.
145 Idem, questão 283.

referência de André Luiz, do livro *Entre a Terra e o Céu*: "Reparei que o Ministro e a Irmã Clara se entreolharam, de modo expressivo, dando-me a ideia de que conversavam, através do pensamento".[146]

Os inferiores, porém, aprisionados aos hábitos humanos e mais grosseiros, utilizam-se da voz para se entenderem. Em razão disso, os espíritos mais elevados que vivem em regiões inferiores a serviço do bem também se utilizam da linguagem oral, para uma eficiente comunicação.

A obra de André Luiz é rica de situações a esse respeito, embora outros também façam referência.

Vejamos, por exemplo, o diálogo de André com o amigo espiritual Lísias, na obra *Nosso Lar*, quando nosso irmão se surpreende ao ver imagem e voz num aparelho de televisão em que o locutor de um posto de trabalho solicitava vibrações de paz em decorrência da guerra na Terra:

> [...]
>
> E a linguagem? Ouvira-lhe nitidamente o idioma português, claro e correto. Julgava que todas as colônias espirituais se intercomunicassem pelas vibrações do pensamento. Havia, ainda ali, tão grande dificuldade no capítulo do intercâmbio? Identificando-me as perplexidades, Lísias esclareceu:
>
> – Estamos ainda muito longe das regiões ideais da mente pura. Tal como na Terra, os que se afinam perfeitamente entre si podem permutar pensamentos, sem as barreiras idiomáticas; mas, de modo geral, não podemos prescindir da forma, no lato sentido da expressão. Nosso campo de lutas é imensurável. A humanidade terrestre, constituída de milhões de seres, une-se à humanidade invisível do planeta, que integra muitos bilhões de criaturas. Não seria, portanto, possível atingir as zonas aperfeiçoadas, logo após a morte do corpo físico. Os patrimônios

146 *Entre a Terra e o Céu*, André Luiz/FCX, FEB, cap. 26.

> nacionais e linguísticos remanescem ainda aqui, condicionados a fronteiras psíquicas. Nos mais diversos setores de nossa atividade espiritual existe elevado número de espíritos libertos de todas as limitações, mas insta considerar que a regra é sofrer-se dessas restrições. Nada enganará o princípio de sequência, imperante nas leis evolutivas.[147]

Em *Os mensageiros*, quando ficou sabendo que postos de socorro estavam recebendo os desencarnados mortos na Europa durante a Segunda Grande Guerra, André também quis saber sobre o problema da linguagem, recebendo a seguinte explicação do dirigente Alfredo:

> - Os serviços de socorro, apesar de intensos na Europa, têm sido muito bem organizados; para cada grupo de cinquenta infelizes, as colônias do Velho Mundo fornecem um enfermeiro-instrutor, com quem nos possamos entender, de modo direto. Desse modo, o problema não pesa tanto, porque nossa parte de colaboração consta de fornecimento de pessoal de serviço e de material de assistência.[148]

Melhor detalhando: os espíritos desencarnados no velho continente eram trazidos em grupos e, pela dificuldade da língua falada, um enfermeiro fazia as vezes de intérprete, e assim podiam se entender.

Em outra oportunidade, ouvindo preleção do elevado espírito Veneranda, ministra de *Nosso Lar*, André anotou o seu ensinamento:

> Encontram-se, entre nós, no momento, algumas centenas de ouvintes que se surpreendem com a nossa esfera cheia de formas

147 *Nosso Lar*, André Luiz/FCX, FEB, cap. 24.

148 *Os mensageiros*, André Luiz/FCX, FEB, cap. 18.

> análogas às do planeta. Não haviam aprendido que o pensamento é a linguagem universal? Não foram informados de que a criação mental é quase tudo em nossa vida? São numerosos os irmãos que formulam semelhantes perguntas. Todavia, encontraram aqui a habitação, o utensílio e a linguagem terrestres. Esta realidade, contudo, não deve causar surpresa a ninguém. Não podemos esquecer que temos vivido, até agora (referindo-nos à existência humana), em velhos círculos de antagonismo vibratório. O pensamento é a base das relações espirituais dos seres entre si, mas não olvidemos que somos milhões de almas dentro do Universo, algo insubmissas ainda às leis universais. Não somos, por enquanto, comparáveis aos irmãos mais velhos e mais sábios, próximos do Divino, mas milhões de entidades a viverem nos caprichosos "mundos inferiores" do nosso 'eu'. Os grandes instrutores da humanidade carnal ensinam princípios divinos, expõem verdades eternas e profundas, nos círculos do globo. Em geral, porém, nas atividades terrenas, recebemos notícias dessas leis sem nos submetermos a elas e tomamos conhecimento dessas verdades sem lhes consagrarmos nossas vidas.[149]

Prosseguindo adiante no ensinamento, diz a mentora amiga:

> Apreendem vocês a importância disso? Certo, nas mentes evolvidas, entre os desencarnados e encarnados, basta o intercâmbio mental sem necessidade das formas e é justo destacar que o pensamento em si é a base de todas as mensagens silenciosas da ideia, nos maravilhosos planos da intuição, entre os seres de toda espécie. Dentro desse princípio, o espírito que haja vivido exclusivamente em França poderá comunicar-se no Brasil, pensamento a pensamento, prescindindo de forma verbalista especial, que, nesse caso, será sempre a do receptor; mas

149 *Nosso Lar*, André Luiz/FCX, FEB, cap. 37.

> isso também exige a afinidade pura. Não estamos, porém, nas esferas de absoluta pureza mental, onde todas as criaturas têm afinidades entre si. Afinamo-nos uns com os outros, em núcleos insulados, e somos compelidos a prosseguir nas construções transitórias da Terra, a fim de regressar aos círculos planetários com maior bagagem evolutiva.[150]

André Luiz, em diversos momentos dos seus livros, diz que seus pensamentos eram percebidos pelos mentores, instrutores, assistentes ou ministros, todos de condição mais elevada, mas nem sempre isso ocorria. O fato é que, embora os espíritos superiores possam captar os pensamentos dos de elevação semelhante ou inferiores, isso não se dá de forma automática, até porque seria evidentemente um transtorno, pois a todo tempo se estaria ouvindo milhões de pensamentos. Trata-se, em verdade, de uma faculdade do espírito, da qual ele se vale quando de seu interesse ou quando um outro espírito, encarnado ou desencarnado, lhe dirige uma onda mental específica, um chamamento, com o qual sintoniza.

No livro *Obreiros da vida eterna* André comenta sobre o companheiro Gotuzo, o qual, embora já fosse um trabalhador da instituição Casa Transitória, localizada nas zonas umbralinas, não conseguia ouvir os seus pensamentos, o que demonstra que, de fato, as comunicações não ocorrem somente pelos pensamentos e que isso se dá em determinadas condições.

Vejamos:

> Observando a disposição ativa do companheiro, meditei no tempo que despendera, antes de participar dos serviços médicos da região superior a que fora conduzido, e perguntava a mim mesmo a razão pela qual fora Gotuzo tão depressa utilizado,

150 Idem.

> ali, na esfera de socorro aos aflitos. Reparei, todavia, que o novo amigo não me recebia os pensamentos, nem mesmo de maneira parcial, demonstrando-se menos exercitado nas faculdades de penetração e, acompanhando-o ao recinto, onde o aguardava extensa clientela, notei que a assistência ali era ministrada a doentes em massa, dentro de vibrações mais grosseiras e lentas, exigindo a colaboração especializada de médicos desencarnados que, como acontecia a Gotuzo, ainda conservavam regular sintonia com os interesses imediatos da crosta terrestre.[151]

Evidente, nesse relato, que a capacidade de comunicação pelo pensamento tem a ver com a nossa elevação, ou por outra, com o nosso desprendimento das coisas terrenas.

O próprio André Luiz conseguiu se valer desse recurso quando, pela primeira vez, retornou para rever os familiares encarnados e, após se recompor da surpresa por encontrar a esposa novamente casada, pediu mentalmente o socorro de Narcisa para ajudar o novo marido adoentado.

> Nessa emergência, lembrei certa lição de Tobias, quando me dissera: – "aqui, em '*Nosso Lar*', nem todos necessitam do aeróbus para se locomoverem, porque os habitantes mais elevados da colônia dispõem do poder de volitação; e nem todos precisam de aparelhos de comunicação para conversar a distância, por se manterem, entre si, num plano de perfeita sintonia de pensamentos. Os que se encontrem afinados desse modo, podem dispor, à vontade, do processo de conversação mental, apesar da distância".
>
> Lembrei quanto me seria útil a colaboração de Narcisa e experimentei.
>
> Concentrei-me em fervorosa oração ao Pai e, nas vibrações da prece, dirigi-me a Narcisa encarecendo socorro.

151 *Obreiros da vida eterna*, André Luiz/FCX, FEB, cap. 5

Contava-lhe, em pensamento, minha experiência dolorosa, comunicava-lhe meus propósitos de auxílio e insistia para que me não desamparasse.

Aconteceu, então, o que não poderia esperar.

Passados vinte minutos, mais ou menos, quando ainda não havia retirado a mente da rogativa, alguém me tocou de leve no ombro.

Era Narcisa que atendia, sorrindo:

- Ouvi seu apelo, meu amigo, e vim ao seu encontro.[152]

A partir daqui vou falar da influência dos espíritos sobre os nossos pensamentos, ocorrência corriqueira e com importantes consequências, da qual a grande maioria das pessoas não se dá conta.

Kardec dedica um tópico de *O Livro dos Espíritos* para disso tratar e logo pergunta:

- Influem os espíritos em nossos pensamentos e em nossos atos?

Muito mais do que imaginais. Influem a tal ponto, que, de ordinário, são eles que vos dirigem.[153]

A grande dificuldade para nós, especialmente para quem nem imagina a existência dos espíritos e a ação deles sobre as pessoas, é que a influência do pensamento é muito sutil, de modo que os pensamentos deles se passam como sendo nossos.

Por isso que, em resposta à questão seguinte, os mentores vão dizer:

Vossa alma é um espírito que pensa. Não ignorais que, frequentemente, muitos pensamentos vos acodem a um tempo sobre o mesmo assunto e, não raro, contrários uns aos outros. Pois

152 *Nosso Lar*, André Luiz/FCX, FEB, cap. 50.

153 *O Livro dos Espíritos*, Allan Kardec, tradução Guillon Ribeiro, FEB, questão 459.

> bem! No conjunto deles, estão sempre de mistura os vossos com os nossos. Daí a incerteza em que vos vedes. É que tendes em vós duas ideias a se combaterem.[154]

O espírito Emmanuel, no excelente livro *Pensamento e vida*, nos apresenta dois capítulos tratando da associação e da sugestão mental, fenômenos que atingem os dois planos em que se encontram os espíritos, como desencarnados ou encarnados.

Quanto à primeira, trago o resumo do que nos interessa:

> A associação mora em todas as coisas, preside a todos os acontecimentos e comanda a existência de todos os seres.
>
> ...
>
> Assim também na vida comum, a alma entra em ressonância com as correntes mentais em que respiram as almas que se lhe assemelham.
>
> Assimilamos os pensamentos daqueles que pensam como pensamos.
>
> É que sentindo, mentalizando, falando ou agindo, sintonizamo-nos com as emoções e ideias de todas as pessoas, encarnadas ou desencarnadas, da nossa faixa de simpatia.
>
> Estamos invariavelmente atraindo ou repelindo recursos mentais que se agregam aos nossos, fortificando-nos para o bem ou para o mal, segundo a direção que escolhemos.
>
> Em qualquer providência e em qualquer opinião, somos sempre a soma de muitos.
>
> Expressamos milhares de criaturas e milhares de criaturas nos expressam.[155]

E sobre a sugestão:

---

154 Idem, questão 460.

155 *Pensamento e vida, Emmanuel*/FCX, FEB, cap. 8

> Entretanto, a sugestão é acontecimento de toda hora, na vida de todos os seres, com base na reflexão mental permanente.
>
> ...
>
> Nossas emoções, pensamentos e atos são elementos dinâmicos de indução.
>
> Todos exteriorizamos a energia mental, configurando as formas sutis com que influenciamos o próximo, e todos somos afetados por essas mesmas formas, nascidas nos cérebros alheios.
>
> Cada atitude de nossa existência polariza forças naqueles que se nos afinam com o modo de ser, impelindo-os à imitação consciente ou inconsciente.
>
> É que o princípio de repercussão nos comanda a atividade em todos os passos da vida.[156]

Esses textos do nobre Emmanuel reforçam o que já vimos sobre a ação recíproca que exercemos uns sobre os outros, especialmente pelo pensamento, o que se aplica com mais sutileza em relação aos invisíveis aos nossos olhos, nem por isso incapazes de atuar sobre nós e o mundo material.

A doutrina espírita, revelando detalhes do mundo espiritual, permite-nos manter uma relação de equilíbrio com seus habitantes, de modo a lhes aproveitar os bons propósitos e, de outro lado, evitar a ação maléfica daqueles infelizes que, já despidos do corpo físico, prosseguem moralmente equivocados.

Entre os desencarnados estão os nossos protetores, amigos e familiares, que querem nos ajudar a vencer na reencarnação, mas igualmente os inferiores ou nossos desafetos que podem nos causar danos de variada natureza.

A base dessa influência é o pensamento, por isso convém que estejamos atentos às ideias que nos surgem, porque, ainda que

---

156 Idem, cap. 9.

sejam de outrem, a responsabilidade pelos nossos atos permanece sendo nossa, maior ou menor.

E a influência só é possível porque, de alguma forma, sintonizamos com a onda mental que vem de um espírito. Ter bons ou maus pensamentos, emoções equilibradas ou perturbadoras, sentimentos elevados ou inferiores, ainda que levemente, determinam a conexão com espíritos superiores ou inferiores.

Joanna de Ângelis comenta a propósito, o que serve a todos nós:

> Conforme o pensamento mantido, no mesmo padrão a existência se apresentará. Isto porque, além dos efeitos propiciados pelas ondas emitidas no próprio agente, suas irradiações produzem sintonia com outras equivalentes que lhe aumentam o curso e o conteúdo, produzindo os mais pesados ônus de sofrimento e de desgaste.
>
> Intercâmbios mentais infelizes predominam nos espaços terrestres entre as criaturas. Mas também influências psíquicas estimulantes, afetuosas, enriquecedoras, atravessam as distâncias e são captadas pelos que se encontram nas faixas das ondas em que se espraiam, alcançando aqueles a quem são dirigidas.[157]

E André Luiz, no livro *Mecanismos da mediunidade*, ensina:

> Entendendo-se que toda mente vibra na onda de estímulos e pensamentos em que se identifica, facilmente perceberemos que cada espírito gera em si mesmo inimaginável potencial de forças mentoeletromagnéticas, exteriorizando nessa corrente psíquica os recursos e valores que acumula em si próprio.
>
> Daí nasce a importância da reflexão em todos os setores da vida.
>
> É que, gerando força criativa incessante em nós, assimilamos,

157 *Dias gloriosos*, Joanna de Ângelis/DPF, LEAL, cap. Forças mentais.

> por impulso espontâneo, as correntes mentais que se harmonizem com o nosso tipo de onda, impondo às mentes simpáticas o fruto de nossas elucubrações e delas recolhendo o que lhes seja característico, em ação que independe da distância espacial, sempre que a simpatia esteja estabelecida e, com mais objetividade e eficiência, quando o serviço de troca mental se evidencie assegurado conscientemente.[158]

Estamos diante de um fenômeno que se materializa na conjugação de ondas, por identidade de propósitos, de comprimento e qualidade dos fluidos conduzidos, que é determinada pela natureza dos sentimentos. A influência espiritual só é possível exatamente porque o nosso padrão vibratório permite.

Os mentores disseram a Kardec que os espíritos "só se apegam aos que, pelos seus desejos, os chamam, ou aos que, pelos seus pensamentos, os atraem".[159]

Os bons espíritos se preocupam conosco e fazem de tudo para nos ajudar, especialmente aqueles que assumiram o dever de nos proteger na reencarnação, e só se afastam quando percebem que seus conselhos são inúteis e que preferimos dar ouvidos à influência dos espíritos inferiores. Utilizam-se de todos os recursos e aproveitam qualquer oportunidade para nos ajudar, na nossa vigília ou no sono, às vezes também se valendo de terceiros mais sensíveis para nos fazer chegar sugestões benéficas.

Essa ajuda espiritual quase sempre é oculta, para que tenhamos o aproveitamento e o mérito dos nossos esforços, até porque os pensamentos, ideias ou sugestões dos amigos espirituais não são completos, requerendo a nossa contribuição para se concretizarem.

Kardec trata disso em *O Livro dos Espíritos*:

---

158 *Mecanismos da mediunidade*, André Luiz/FCX, cap. 12.

159 *O Livro dos Espíritos*, Allan Kardec, tradução Guillon Ribeiro, FEB.

> – Por que é oculta a ação dos espíritos sobre a nossa existência e por que, quando nos protegem, não o fazem de modo ostensivo?
>
> Se vos fosse dado contar sempre com a ação deles, não obraríeis por vós mesmos e o vosso espírito não progrediria. Para que este possa adiantar-se, precisa de experiência, adquirindo-a frequentemente à sua custa. É necessário que exercite suas forças, sem o que, seria como a criança a quem não consentem que ande sozinha. A ação dos espíritos que vos querem bem é sempre regulada de maneira que não vos tolha o livre-arbítrio, porquanto, se não tivésseis responsabilidade, não avançaríeis na senda que vos há de conduzir a Deus. Não vendo quem o ampara, o homem se confia às suas próprias forças. Sobre ele, entretanto, vela o seu guia e, de tempos a tempos, lhe brada, advertindo-o do perigo.[160]

A comunicação com os encarnados de condições inferiores requer dos espíritos mais elevados que rebaixem o padrão vibratório, de modo a serem por aqueles percebidos, porque em tudo está a conjugação de ondas mentais.

É o caso citado por André Luiz no livro *Nos domínios da mediunidade*, quando de uma reunião mediúnica:

> O benfeitor espiritual que ora nos dirige – acentuou o nosso instrutor – afigura-se-nos mais pesado porque amorteceu o elevado tom vibratório em que respira habitualmente, descendo à posição de Raul, tanto quanto lhe é possível, para benefício do trabalho começante. Influencia agora a vida cerebral do condutor da casa, à maneira dum musicista emérito manobrando, respeitoso, um violino de alto valor, do qual conhece a firmeza e a harmonia.[161]

Já os espíritos inferiores derramam em nós suas ondas mentais perversas, com o propósito de nos infelicitar e mesmo

---

160 *O Livro dos Espíritos*, Allan Kardec, tradução Guillon Ribeiro, FEB, questão 501.
161 *Nos domínios da mediunidade*, André Luiz/FCX, FEB, cap. 5.

destruir. Seus motivos são os mais variados, desde uma simples leviandade até ódios milenares alimentados por persistentes desejos de vingança. É contra essas influências deletérias que devemos nos precaver e a estratégia é sempre a de mantermos elevados os nossos pensamentos, voltados para o bem, porque assim nos ligaremos apenas com os bons e estes nos protegerão.

Essa influência pode até não ter um propósito de fazer o mal diretamente, mas este acaba sendo uma consequência da conexão que se estabelece entre o espírito e o encarnado. São situações em que se verifica muito mais uma comunhão de condutas ou sentimentos, das quais os desencarnados se aproveitam para satisfazer seus vícios e desejos, e que para isso necessitam da adesão mental dos encarnados. Inumeráveis criaturas se permitem esse conúbio, sem nem mesmo supor que estão sendo manipuladas pelas companhias espirituais.

No livro *Sexo e destino*, André conta uma ocorrência envolvendo o personagem Cláudio Nogueira, que se encontrava no sofá de seu elegante apartamento, fumando e com hálito alcoólico, quando dois espíritos adentraram e o sugestionaram a ingerir bebida alcoólica. Diz André Luiz:

> Um deles tateou-lhe um dos ombros e gritou, insolente:
>
> - Beber, meu caro, quero beber!
>
> A voz escarnecedora agredia-nos a sensibilidade auditiva.
>
> Cláudio, porém, não lhe pescava o mínimo som. Mantinha-se atento à leitura. Inalterável. Contudo, se não possuía tímpanos físicos para qualificar a petição, trazia na cabeça a caixa acústica da mente sintonizada com o apelante. O assessor inconveniente repetiu a solicitação, algumas vezes, na atitude do hipnotizador que insufla o próprio desejo, reasseverando uma ordem.
>
> O resultado não se fez demorar. Vimos o paciente desviar-se do artigo político em que se entranhava. Ele próprio não

explicaria o súbito desinteresse de que se notava acometido pelo editorial que lhe apresara a atenção.

Beber! Beber!...

Cláudio abrigou a sugestão, convicto de que se inclinava para um trago de uísque exclusivamente por si.[162]

Em *Nos domínios da mediunidade*, nosso irmão autor conta sobre seu aprendizado quando esteve com o instrutor Áulus num restaurante, onde repararam num rapaz à mesa, que se punha a escrever uma coluna de jornal difamando uma jovem, sob influência de um espírito que a perseguia. Novamente a relevância da sintonia na conjugação dos pensamentos. Vejamos:

> O cérebro do moço embebia-se em substância escura e pastosa que escorria das mãos do triste companheiro que o enlaçava.
>
> Via-se-lhes a absoluta associação na autoria dos caracteres escritos.
>
> A dupla em trabalho não nos registrou a presença.
>
> - Neste instante - anunciou Áulus, atencioso -, nosso irmão desconhecido é hábil médium psicógrafo. Tem as células do pensamento integralmente controladas pelo infeliz cultivador de crueldade sob a nossa vista. Imanta-se-lhe à imaginação e lhe assimila as ideias, atendendo-lhe aos propósitos escusos, através dos princípios da indução magnética, de vez que o rapaz, desejando produzir páginas escabrosas, encontrou quem lhe fortaleça a mente e o ajude nesse mister.[163]

Quando essa influência maléfica se faz de maneira mais intensa e permanente, estamos diante daquilo que Allan Kardec denominou de obsessão.

---

162 *Sexo e destino*, André Luiz/FCX, FEB, cap. 6.

163 *Nos domínios da mediunidade*, André Luiz/FCX, FEB, cap. 15.

15. PENSAMENTO E OBSESSÃO

NA DEFINIÇÃO DO PRÓPRIO Codificador, obsessão é "o domínio que alguns espíritos logram adquirir sobre certas pessoas"[164], podendo ser na modalidade mais simples ou agravar-se para a fascinação ou subjugação.

No sentido mais amplo, a obsessão é o controle que um espírito inferior exerce sobre outro, encarnado ou desencarnado, porque pode se dar em qualquer plano de vida.

Para o nosso estudo, o que importa é o conhecimento de que esse constrangimento se dá mediante um envolvimento mental, sempre em razão de um padrão infeliz daquele que é submetido. "Assim como as enfermidades resultam das imperfeições físicas que tornam o corpo acessível às perniciosas influências exteriores, a obsessão decorre sempre de uma imperfeição moral, que dá ascendência a um espírito mau".[165]

O espírito Manoel Philomeno de Miranda é dedicado ao estudo da obsessão e ditou ao médium Divaldo Franco diversas obras abordando esse assunto.

Ensina Philomeno:

> Assaltada por vibrações negativas, a mente ociosa ou indisciplinada, viciada ou rebelde, logo registra a interferência e, porque se não ajusta a um programa educativo da vontade,

164 *O Livro dos Médiuns*, Allan Kardec, tradução Guillon Ribeiro, FEB, cap. 23.
165 *A Gênese*, Allan Kardec, tradução Guillon Ribeiro, FEB, cap. 24, item 46.

> recebe o impulso da ideia, permitindo-se aceitar a sugestão perturbadora, que agasalha e vitaliza sob a natural acomodação dos complexos e recalques dos comportamentos pessimistas ou exaltados que são peculiares a cada qual.
>
> Aceita a indução, forma-se uma tomada para a ligação com a sombra, em regime de intercâmbio psíquico.[166]

Assim, é o obsidiado quem dá abertura mental para que o espírito inferior consiga estabelecer uma conexão e lhe insuflar seus pensamentos perniciosos, a fim de conseguir objetivos escusos. Daí a importância de vigiar os próprios pensamentos e a disciplina mental, para se evitar que meras influências iniciais se convertam em graves processos obsessivos.

No livro *Ação e reação*, André Luiz nos traz esclarecimentos oferecidos por dois espíritos em processo de vingança, Leonel e Clarindo, que explicam como conseguiam acessar a mente dos encarnados.

> - Sim, aprendemos nas escolas de vingadores que todos possuímos, além dos desejos imediatistas comuns, em qualquer fase da vida, um "desejo-central" ou "tema básico" dos interesses mais íntimos. Por isso, além dos pensamentos vulgares que nos aprisionam à experiência rotineira, emitimos com mais frequência os pensamentos que nascem do "desejo-central" que nos caracteriza, pensamentos esses que passam a constituir o reflexo dominante de nossa personalidade. Desse modo, é fácil conhecer a natureza de qualquer pessoa, em qualquer plano, através das ocupações e posições em que prefira viver.
>
> ...
>
> Conhecido o reflexo da criatura que nos propomos retificar ou punir é, assim, muito fácil superalimentá-la com excitações

166 *Nas fronteiras da loucura*, Manoel P. Miranda/DPF, LEAL, Análise das obsessões.

> constantes, robustecendo-lhe os impulsos e os quadros já existentes na imaginação e criando outros que se lhes superponham, nutrindo-lhe, dessa forma, a fixação mental.
>
> ...
>
> Através de semelhantes processos, criamos e mantemos facilmente o "delírio psíquico" ou a "obsessão", que não passa de um estado anormal da mente, subjugada pelo excesso de suas próprias criações a pressionarem o campo sensorial, infinitamente acrescidas de influência direta ou indireta de outras mentes desencarnadas ou não, atraídas por seu próprio reflexo.[167]

Esse reflexo da criatura, como já anotei anteriormente, se estampa na aura, o halo psíquico ou psicosfera fluídica que nos acompanha, sendo assim facilmente identificado pelos espíritos inferiores que a nós se ajustam.

É o que aprendemos com André Luiz, em *Mecanismos da mediunidade*:

> Acumulando em si mesma as forças autogeradas em processos de profundo desequilíbrio, a alma exterioriza forças mentais desajustadas e destrutivas, pelas quais atrai as forças do mesmo teor, caindo frequentemente em cegueira obsessiva, da qual muitas vezes se afasta, desorientada, pela porta indesejável do remorso, após converter-se em intérprete de inqualificáveis delitos.
>
> ...
>
> Nessa posição, emitem ondas mentais perturbadas, pelas quais se ajustam a inteligências perturbadas do mesmo sentido, arrojando-se a lamentáveis estações de aviltamento, em ocorrências deploráveis de obsessão, nas quais as mentes desvairadas ou caídas em monoideísmo vicioso se refletem mutuamente.[168]

---

167 *Ação e reação*, André Luiz/FCX, FEB, cap. 8.

168 *Mecanismos da mediunidade*, André Luiz/FCX, FEB, cap. 14.

A hipnose é um dos recursos utilizados para aprofundar a obsessão e mediante o controle mental o obsessor mantém o obsidiado sob seu comando e o compele a agir conforme sua vontade.

No processo comum, a hipnose se estabelece quando o hipnotizado aceita as sugestões mentais do agente e se lhe torna obediente às ideias-tipo que lhes são induzidas. Não diverge, na ação hipnótica, a influência dominadora que os espíritos estabelecem sobre os encarnados, com a diferença de que neste caso o sujeito não vê a entidade invisível e não se dá conta de sua indução mental.

Em *Mecanismos da mediunidade*, diz André Luiz sobre as pessoas passíveis de hipnose:

> Desde que se rendam, profundamente, à sugestão inicial recebida, começam a emitir certo tipo de onda mental com todas as potencialidades criadoras da ideação comum, e ficam habilitadas a plasmar as formas-pensamento que lhes sejam sugeridas, formas essas que, estruturadas pelos movimentos de ação dos princípios mentais exteriorizados, reagem sobre elas próprias, determinando os efeitos ou alucinações que lhes imprima a vontade a que se submetem. Temos aí a perfeita conjugação de forças ondulatórias.[169]

Logo após, André vai explicar como ocorre esse envolvimento:

> Com esse gesto (*imposição de mãos)*, o magnetizador estará projetando o seu próprio fluxo energético sobre a epífise do hipnotizado, glândula esta de suma importância em todos os processos mediânimicos, por favorecer a passividade dos núcleos receptivos do cérebro, provocando, ao mesmo tempo, a atenção ou o circuito fechado no campo magnético do paciente,

---

169 Idem, cap. 13.

> cuja onda mental, projetada para além de sua própria aura, é imediatamente atraída pelas oscilações do magnetizador que, a seu turno, lhe transmite a essência das suas próprias ordens.[170]

E se o encarnado não reage com pensamentos contrários positivos, a obsessão vai se aprofundando, levando à fascinação e à subjugação, com terríveis consequências para o obsidiado, médium ou não.

A fascinação é

> [...] uma ilusão produzida pela ação direta do espírito sobre o pensamento do médium e que, de certa maneira, lhe paralisa o raciocínio, relativamente às comunicações. O médium fascinado não acredita que o estejam enganando: o espírito tem a arte de lhe inspirar confiança cega, que o impede de ver o embuste e de compreender o absurdo do que escreve, ainda quando esse absurdo salte aos olhos de toda gente.[171]

A subjugação é

> [...] uma constrição que paralisa a vontade daquele que a sofre e o faz agir a seu mau grado. Numa palavra: o paciente fica sob um verdadeiro jugo. A subjugação pode ser moral ou corporal. No primeiro caso, o subjugado é constrangido a tomar resoluções muitas vezes absurdas e comprometedoras que, por uma espécie de ilusão, ele julga sensatas: é uma como fascinação. No segundo caso, o espírito atua sobre os órgãos materiais e provoca movimentos involuntários.[172]

---

170 Idem.

171 *O Livro dos Médiuns*, Allan Kardec, tradução Guillon Ribeiro, FEB, cap. 23.

172 Idem.

No livro *No mundo maior*, André conta que acompanhou o instrutor Calderaro numa visita a um hospital terreno e se deteve num doente em profunda ligação com um espírito:

> - Trataremos da chaga no trabalho de assistência. Concentra as possibilidades da visão no cérebro.
>
> Decorridos alguns momentos, concluí que, à parte a configuração das peças e o ritmo vibratório, tinha sob os olhos dois cérebros quase idênticos. Diferia o campo mental do desencarnado, revelando alguma superioridade no terreno da substância, que, no corpo perispiritual, era mais leve e menos obscura. Tive a impressão de que, se lavássemos, por dentro, o cérebro do amigo estirado no leito, escoimando-o de certos corpúsculos mais pesados, seria ele quase igual, em essência, ao da entidade que eu mantinha sob exame. As divisões luminosas, porém, eram em tudo análogas. Mais luz nos lobos frontais, menos luz no córtex motor e quase nenhuma na medula espinhal, onde as irradiações se faziam difusas e opacas.[173]

Percebe-se, pois, no caso, que a conjugação das ondas mentais era mantida por vibrações de mesmo padrão, a ponto de os cérebros de ambos se mostrarem com aparência semelhante. É exatamente o que acontece numa simbiose espiritual, em que ambos passam a viver dependentes reciprocamente.

Doença espiritual mais corriqueira do que se possa imaginar, a obsessão é retratada em diversos casos da literatura espírita, dada a sua gravidade, como alerta para que não nos descuidemos de manter pensamentos e atitudes cada vez mais nobres.

No livro *Nos domínios da mediunidade*, André Luiz informa sobre o atendimento de um espírito masculino em simbiose com a noiva que deixara na Terra e que se acomodara às influências dele.

---

173 *No mundo maior*, André Luiz/FCX, FEB, cap. 3.

> - Reparem. É alguém a movimentar-se nas trevas de si mesmo, trazido ao recinto sem saber o rumo tomado pelos próprios pés, como qualquer alienado mental em estado grave. Desenfaixando-se da veste de carne, com o pensamento enovelado à paixão por irmã nossa, hoje torturada enferma que sintonizou com ele, a ponto de retê-lo junto de si com aflições e lágrimas, passou a vampirizar-lhe o corpo. A perda do veículo físico, na deficiência espiritual em que se achava, deixou-o integralmente desarvorado, como náufrago dentro da noite. Entretanto, adaptando-se ao organismo da mulher amada que passou a obsidiar, nela encontrou novo instrumento de sensação, vendo por seus olhos, ouvindo por seus ouvidos, muitas vezes falando por sua boca e vitalizando-se com os alimentos comuns por ela utilizados. Nessa simbiose vivem ambos, há quase cinco anos sucessivos, contudo, agora, a moça subnutrida e perturbada acusa desequilíbrios orgânicos de vulto. Por haver a doente solicitado nosso concurso assistencial, somos constrangidos a duplo socorro. Para que se cure das fobias que presentemente a assaltam como reflexos da mente dele, que se vê apavorado diante das realidades do espírito, é necessário o afastamento dos fluidos que a envolvem, assim como a coluna, abalada pelo abraço constringente da hera, reclama limpeza em favor do reajuste.[174]

Como meu escopo não é o estudo aprofundado da obsessão, trago apenas mais uma contribuição de Manoel Philomeno, dando conta de que o pensamento é o veículo de apoderamento de um espírito sobre um encarnado:

> Ouvindo a mensagem em caráter telepático transmitida pela mente livre, começa por aceder ao apelo que lhe chega,

174 *Nos domínios da mediunidade*, André Luiz/FCX, FEB, cap. 6.

transformando-se, por fim, em diálogos nos quais se deixa vencer pela pertinácia do tenaz vingador.

Justapondo-se sutilmente cérebro a cérebro, mente a mente, vontade dominante sobre vontade que se deixa dominar, órgão a órgão, através do perispírito pelo qual se identifica com o encarnado, a cada cessão feita pelo hospedeiro, mais coercitiva se faz a presença do hóspede, que se transforma em parasita insidioso, estabelecendo, depois, e muitas vezes em definitivo enquanto na luta carnal, a simbiose esdrúxula, em que o poder da fixação da vontade dominadora consegue extinguir a lucidez do dominado, que se deixa apagar...[175]

175 *Nos bastidores da obsessão*, Manoel P. de Miranda/DPF, LEAL, cap. Examinando a Obsessão.

16. PENSAMENTO E MEDIUNIDADE

SE A COMUNHÃO MENTAL na obsessão ocorre sem a anuência consciente do encarnado e sempre de forma danosa, o servidor da mediunidade se permite ser um instrumento do pensamento dos espíritos que por ele querem se manifestar.

Não vamos nos deter na mediunidade atormentada, pois quase se equipara à obsessão. Muitas pessoas compromissadas com a mediunidade, dada a maior sensibilidade para percepção do mundo espiritual e do psiquismo humano, são vítimas daqueles que no passado feriram e hoje se postam, indevidamente, na condição de justiceiros; porém, curadas, prosseguem exercitando a mediunidade e sendo úteis ao próximo, assim progredindo moralmente.

A mediunidade é, em todos os sentidos, o meio excelente de comunicação direta com os habitantes do mundo espiritual - os espíritos. Existe desde sempre, mas ao Codificador creditamos o mérito de nos oferecer um verdadeiro manual sobre essa faculdade, para que se torne um meio eficiente de evolução pela prática do bem.

Kardec explica que, no sentido amplo, a mediunidade é uma faculdade inerente ao homem (*ser humano*) e que médium é todo aquele que sente, num grau qualquer, a influência dos espíritos, sendo raros aqueles que dela não possuam alguns rudimentos; no entanto, usualmente, são qualificados como médiuns aqueles em que a faculdade mediúnica se mostra bem caracterizada e produz efeitos patentes, de certa intensidade, o que então depende de uma organização mais ou menos sensitiva.[176]

As comunicações mediúnicas inteligentes se processam, na essência, pelo mesmo mecanismo das influências espirituais e da obsessão. Em tudo, o pensamento por base, a conjugação das ondas mentais. Aqui, porém, com algumas características específicas.

Alguns tipos de mediunidade ocorrem apenas pela transmissão do pensamento, da mente do espírito para a mente do encarnado, como no caso da intuição e da inspiração.

Falando sobre o médium intuitivo, diz o Codificador:

> A transmissão do pensamento também se dá por meio do espírito do médium, ou, melhor, de sua alma, pois que por este nome designamos o espírito encarnado. O espírito livre, neste caso, não atua sobre a mão, para fazê-la escrever; não a toma, não a guia. Atua sobre a alma, com a qual se identifica. A alma, sob esse impulso, dirige a mão e esta dirige o lápis. [...] Nessa situação, o médium tem consciência do que escreve, embora não exprima o seu próprio pensamento. É o que se chama médium intuitivo.[177]

Variando na forma de atuação, encontramos mais ou menos o mesmo mecanismo na psicofonia e na psicografia. Kardec, com os conhecimentos que lhe foram oferecidos na época, refere-se simplesmente a uma conexão mental, de espírito para alma, de perispírito para perispírito, de pensamento para pensamento, mas a literatura mediúnica posterior ofereceu detalhes importantes à nossa compreensão.

---

176 *O Livro dos Médiuns*, Allan Kardec, tradução Guillon Ribeiro, FEB, cap. 14 - item 159.

177 Idem, cap. 15, item 180.

Foi o espírito André Luiz, pelas mãos abençoadas da melhor antena psíquica dos tempos contemporâneos, Francisco Cândido Xavier, quem nos trouxe novos ensinamentos, com o seu livro *Mecanismos da mediunidade* e outros com abordagens parciais.

Valendo-se de uma comparação com aparelhos e circuitos elétricos, apenas para facilitar a compreensão, nosso irmão André explica o processo inicial da comunicação mediúnica:

> Idealizemos o fluxo de energias mentoeletromagnéticas, ou fulcro de ondas da entidade comunicante e do médium, como dois campos distintos, associando valores positivos e negativos, respectivamente, com uma diferença de potencial que, em nosso caso, constitui certa capacidade de junção específica.
>
> Estabelecido um fio condutor de um para o outro que, em nosso problema, representa o pensamento de aceitação ou adesão do médium, a corrente mental desse ou daquele teor se improvisa em regime de ação e reação, atingindo-se o necessário equilíbrio entre ambos, anulando-se, desde então, a diferença existente, pela integração das forças conjuntas em clima de afinidade.[178]

Então, a comunicação mediúnica só se estabelece e mantém porque o médium aceita o convite do comunicante espiritual e sustenta a corrente mental com a sua permanente adesão, estabelecendo um circuito mediúnico fechado, sobre o qual André informa:

> O circuito mediúnico, dessa maneira, expressa uma "vontade-apelo" e uma "vontade-resposta", respectivamente, no trajeto ida e volta, definindo o comando da entidade comunicante e a concordância do médium, fenômeno esse exatamente aplicável tanto à esfera dos espíritos desencarnados, quanto à dos espíritos encarnados, porquanto exprime conjugação natural

178 *Mecanismos da mediunidade*, André Luiz/FCX, FEB, cap. 5.

> ou provocada nos domínios da inteligência, totalizando os serviços de associação, assimilação, transformação e transmissão da energia mental.[179]

Com um pensamento de adesão ou sua vontade-resposta, o médium compensa os potenciais vibratórios diferentes, ajustando-se à condição espiritual do espírito comunicante inferior, da mesma forma que o comunicante mais elevado se ajusta às condições do médium. Claro que, em havendo semelhanças entre o espírito e o médium, o procedimento é mais fácil e fiel.

André Luiz também explica que qualquer desatenção, medo ou interferência do médium mantém o circuito mediúnico aberto e impede a associação mental ou a interrompe, razão pela qual o facultativo deve ser cada vez mais preparado e o ambiente propício ao fenômeno. Sobre esse preparo do médium, diz o nosso irmão:

> Quanto mais se lhe acentuem o aperfeiçoamento e a abnegação, a cultura e o desinteresse, mais se lhe sutilizam os pensamentos e, com isso, mais se lhe aguçam as percepções mediúnicas, que se elevam a maior demonstração de serviço, de acordo com as suas disposições individuais.[180]

No fenômeno mediúnico, os implementos dos corpos espiritual e físico são indispensáveis, porque estes são os veículos de exteriorização dos pensamentos.

Já vimos a importância da glândula pineal (epífise) como sede das atividades psíquicas, e na mediunidade tem grande destaque, como esclareceu o assistente Alexandre no livro *Missionários da luz*:

179 Idem, cap. 6.
180 Idem, cap. 18.

> No exercício mediúnico de qualquer modalidade, a epífise desempenha o papel mais importante. Através de suas forças equilibradas, a mente humana intensifica o poder de emissão e recepção de raios peculiares à nossa esfera. É nela, na epífise, que reside o sentido novo dos homens; entretanto, na grande maioria deles, a potência divina dorme embrionária.[181]

Durante uma comunicação, observou André Luiz que no médium a "glândula minúscula transformara-se em núcleo radiante e, em derredor, seus raios formavam um lótus de pétalas sublimes".[182] Não devemos estranhar o fato da irradiação luminosa, uma vez que hoje sabemos que os diversos compartimentos do cérebro humano se iluminam conforme a atividade elétrica mental, fato constatado nos exames de ressonância magnética.

Recepcionando a onda mental do espírito comunicante, através da pineal e do centro coronário, o impulso seguirá para as demais regiões do cérebro e do sistema nervoso do médium, tudo num processo extremamente rápido. E conforme a predisposição do médium para determinado tipo de mediunidade, o pensamento do espírito será convertido, por exemplo, em fala ou escrita, mediante os recursos da memória e das possibilidades dos centros cerebrais correspondentes.

Não se imagine, porém, que se trata de um procedimento simples, tal como um operador diante dos comandos de uma máquina. O médium não apenas escreve ou fala o que lhe é transmitido pelo comunicante; ele é um ser inteligente e interage com o espírito com suas ideias, qualidades e possibilidades, interferindo de alguma forma na comunicação.

Necessário lembrar que o pensamento também conduz imagens, sons, emoções, sentimentos e sensações, que serão acolhidos

---

181 *Missionários da luz*, André Luiz/FCX, FEB, cap. 1
182 Idem, cap. 2

ou não conforme o discernimento do médium, de maneira que as possibilidades mediúnicas são as mais variadas, ensejando a vidência, a audiência, a intuição, a inspiração.

Mais particularmente em relação à vidência e à audiência, André Luiz ensina que a percepção pode ocorrer exteriormente ou nas profundidades dos campos cerebrais específicos.

Diz ele que, no caso de "médium dotado de mais amplas percepções visuais e auditivas, a visão e a audição se fazem diretas, do recinto exterior para o campo íntimo, graduando-se, contudo, em expressões variadas".[183] Com isso ele quer dizer que as imagens ou mesmo os sons são projetados pelo espírito no espaço e que o médium, em razão das suas possibilidades de exteriorização dos centros perispirituais, consegue percebê-los de fora para dentro, como quando no corpo percebemos imagens e sons vindos de fora, usando olhos e ouvidos.

Estudando a clarividência mediúnica e a dupla vista, os espíritos superiores explicaram a Kardec que as percepções visuais ocorrem porque o espírito consegue se desprender mais ou menos facilmente da matéria, ele se encontra mais livre, ainda que o corpo não esteja adormecido: é a vista da alma.[184]

Na outra hipótese, a onda mental do espírito comunicante só vai ser decodificada na intimidade do cérebro, que, em verdade, é onde nós identificamos tudo o que é percebido pelos órgãos externos.

Diz André:

> Escasseando os recursos ultrassensoriais, surgem nos médiuns dessa categoria a vidência e a audição internas, mais entranhadamente radicadas na conjugação de ondas. Atuando

183 *Mecanismos da mediunidade*, André Luiz/FCX, FEB, cap. 18.

184 *O Livro dos Espíritos*, Allan Kardec, tradução Guillon Ribeiro, FEB, questões, 433 e 447.

> sobre os raios mentais do medianeiro, o desencarnado transmite-lhe quadros e imagens, valendo-se dos centros autônomos da visão profunda, localizados no diencéfalo, ou lhe comunica vozes e sons, utilizando-se da cóclea, tanto mais perfeitamente quanto mais intensamente se verifique a complementação vibratória nos quadros de frequência das ondas, ocorrências essas nas quais se afigura ao médium possuir um espelho na intimidade dos olhos ou uma caixa acústica na profundez dos ouvidos.[185]

No livro, *Nos domínios da mediunidade*, o assistente Áulus explica:

> [...] Os olhos e os ouvidos materiais estão para a vidência e para a audição como os óculos estão para os olhos e o ampliador de sons para os ouvidos - simples aparelhos de complementação. Toda percepção é mental. [...] Ainda mesmo no campo de impressões comuns, embora a criatura empregue os ouvidos e os olhos, ela vê e ouve com o cérebro, e, apesar de o cérebro usar as células do córtex para selecionar os sons e imprimir as imagens, quem vê e ouve, na realidade, é a mente. Todos os sentidos na esfera fisiológica pertencem à alma, que os fixa no corpo carnal, de conformidade com os princípios estabelecidos para a evolução dos espíritos reencarnados na Terra.[186]

O fenômeno mediúnico em geral não se limita à transmissão do pensamento, envolvendo outras condições e possibilidades do médium. Na obra *Missionários da luz*, André estuda um médium psicógrafo, recebendo orientações do instrutor Alexandre.

André, com a ajuda de Alexandre, observa inicialmente o cérebro do médium, anotando:

---

185 *Mecanismos da mediunidade*, André Luiz/FCX, FEB, cap. 18.

186 *Nos domínios da mediunidade*, André Luiz/FCX, FEB, cap. 12.

> [...] Detive-me, porém, na contemplação do cérebro, em particular. Os condutores medulares formavam extenso pavio, sustentando a luz mental, como chama generosa de uma vela de enormes proporções. Os centros metabólicos infundiam-me surpresas. O cérebro mostrava fulgurações nos desenhos caprichosos. Os lobos cerebrais lembravam correntes dinâmicas. As células corticais e as fibras nervosas, com suas tênues ramificações, constituíam elementos delicadíssimos de condução das energias recônditas e imponderáveis. Nesse concerto, sob a luz mental indefinível, a epífise emitia raios azulados e intensos.[187]

Em seguida, Alexandre explica:

> Muito antes da reunião que se efetua, o servidor já foi objeto de nossa atenção especial, para que os pensamentos grosseiros não lhe pesem no campo íntimo. Foi convenientemente ambientado e, ao sentar-se aqui, foi assistido por vários operadores de nosso plano. Antes de tudo, as células nervosas receberam novo coeficiente magnético, para que não haja perdas lamentáveis do tigroide, (corpúsculos de Nissl), necessário aos processos da inteligência. O sistema nervoso simpático, mormente o campo autônomo do coração, recebeu auxílios enérgicos e o sistema nervoso central foi convenientemente atendido, para que não se comprometa a saúde do trabalhador de boa vontade. O vago foi defendido por nossa influenciação contra qualquer choque das vísceras. As glândulas suprarrenais receberam acréscimo de energia, para que se verifique acelerada produção de adrenalina, de que precisamos para atender ao dispêndio eventual das reservas nervosas.

187 *Missionários da luz*, André Luiz/FCX, FEB, cap. 1

Percebe-se, pois, que todo o cérebro se agita na recepção do pensamento e que os amigos espirituais se preocupam em resguardar o encéfalo e o sistema nervoso para que o fenômeno ocorra com segurança e o médium esteja protegido. André narra como age o espírito comunicante para transmitir a sua mensagem, apoderando-se dos implementos mediúnicos.

> Calixto postou-se ao lado do médium, que o recebeu com evidente sinal de alegria. Enlaçou-o com o braço esquerdo e, alçando a mão até ao cérebro do rapaz, tocava-lhe o centro da memória com a ponta dos dedos, como a recolher o material de lembranças do companheiro. Pouco a pouco, vi que a luz mental do comunicante se misturava às irradiações do trabalhador encarnado. A zona motora do médium adquiriu outra cor e outra luminosidade. Alexandre aproximou-se da dupla em serviço e colocou a destra sobre o lobo frontal do colaborador humano, como a controlar as fibras inibidoras, evitando, quanto possível, as interferências do aparelho mediúnico.
>
> Calixto mostrava enorme alegria no semblante feliz de servo que se regozija com as bênçãos do trabalho, e, dando sinais de profunda gratidão ao Senhor, começou a escrever, apossando-se do braço do companheiro e iniciando o serviço com as belas palavras:
>
> - A paz de Jesus seja convosco!

Na psicofonia o processo não diverge muito, apenas quanto aos órgãos específicos que vão proporcionar a transmissão oral do pensamento comunicado. No caso de espíritos inferiores, inconscientes da realidade e da técnica, a comunicação se dá de forma meio automática, pela predisposição mediúnica do encarnado, muitas vezes com a ajuda dos mentores.

No livro *Nos domínios da mediunidade*, André Luiz é levado a analisar Eugênia, uma médium de psicofonia consciente. Observa ele que Eugênia espírito afasta-se do corpo, enquanto o espírito comunicante foi auxiliado com forças magnéticas - raios luminosos - no córtex cerebral e na região da glote, após o que foi posto a poucos centímetros do corpo da médium, sentando-se rente e sobre ele se justapondo, à maneira de alguém a debruçar-se numa janela, numa associação que poderia ser comparada a sutil processo de enxertia neuropsíquica.

Observa André que leves fios brilhantes ligavam a fronte de Eugênia, desligada do veículo físico, ao cérebro da entidade comunicante, e o mentor Áulus explica:

> Embora senhoreando as forças de Eugênia, o hóspede enfermo do nosso plano permanece controlado por ela, a quem se imanta pela corrente nervosa, através da qual estará nossa irmã informada de todas as palavras que ele mentalize e pretenda dizer. Efetivamente apossa-se ele temporariamente do órgão vocal de nossa amiga, apropriando-se de seu mundo sensório, conseguindo enxergar, ouvir e raciocinar com algum equilíbrio, por intermédio das energias dela, mas Eugênia comanda, firme, as rédeas da própria vontade, agindo qual se fosse enfermeira concordando com os caprichos de um doente, no objetivo de auxiliá-lo. Esse capricho, porém, deve ser limitado, porque, consciente de todas as intenções do companheiro infortunado a quem empresta o seu carro físico, nossa amiga reserva-se o direito de corrigi-lo em qualquer inconveniência. Pela corrente nervosa, conhecer-lhe-á as palavras na formação, apreciando-as previamente, de vez que os impulsos mentais dele lhe percutem sobre o pensamento como verdadeiras marteladas, pode, assim, frustrar-lhe qualquer abuso, fiscalizando-lhe os propósitos e expressões, porque se trata de uma entidade que lhe é inferior, pela perturbação e pelo sofrimento em que se encontra, e a cujo nível não deve arremessar-se, se quiser ser-lhe útil.[188]

---

188 *Nos domínios da mediunidade*, André Luiz/FCX, FEB, cap.6.

Na mesma obra encontramos interessantes explicações sobre o serviço de passe espírita, que é ministrado com a assistência espiritual, uma comunhão nobre de natureza mediúnica, embora o médium não se encontre num estado alterado de consciência.

André anotou:

> Os passistas afiguravam-se como duas pilhas humanas deitando raios de espécie múltipla, a lhes fluírem das mãos, depois de lhes percorrerem a cabeça, ao contacto do irmão Conrado e de seus colaboradores.
>
> O quadro era efetivamente fascinador pelos jogos de luz que apresentava.
>
> Hilário sondou o ambiente e, em seguida, indagou de nosso orientador:
>
> - Por que motivo a energia transmitida pelos amigos espirituais circula primeiramente na cabeça dos médiuns?
>
> - Ainda aqui - disse Áulus -, não podemos subestimar a importância da mente. O pensamento influi de maneira decisiva, na doação de princípios curadores. Sem a ideia iluminada pela fé e pela boa vontade, o médium não conseguiria ligação com os espíritos amigos que atuam sobre essas bases.[189]

Com efeito, o pensamento na aplicação do passe é fundamental, uma vez que o médium deve se elevar em oração para poder ser auxiliado pelos bons espíritos, ao mesmo tempo em que irradia, na direção do necessitado, seus pensamentos amorosos, por isso mesmo carregados de fluidos vitais benfazejos e curativos.

O receptor, por sua vez, deve se manter numa postura mental favorável, de modo a se beneficiar com as forças recebidas. Assim esclarece André Luiz:

---

189 Idem, cap. 17.

> Ao toque da energia emanante do passe, com a supervisão dos benfeitores desencarnados, o próprio enfermo, na pauta da confiança e do merecimento de que dá testemunho, emite ondas mentais características, assimilando os recursos vitais que recebe, retendo-os na própria constituição fisiopsicossomática, através das várias funções do sangue.[190]

Outra ocorrência interessante no campo da mediunidade é a xenoglossia (ou mediunidade poliglota), quando a comunicação se dá em língua que não é a atual do médium.

O assistente Áulus explica para André Luiz e seu companheiro Hilário como isso acontece:

> Em todos os casos de xenoglossia, é preciso lembrar que as forças do passado são trazidas ao presente. Os desencarnados, elaborando fenômenos dessa ordem, interferem, quase sempre, através de impulsos automáticos, nas energias subconscienciais, mas exclusivamente por intermédio de personalidades que lhes são afins no tempo. Quando um médium analfabeto se põe a escrever sob o controle de um amigo domiciliado em nosso plano, isso não quer dizer que o mensageiro espiritual haja removido milagrosamente as pedras da ignorância. Mostra simplesmente que o psicógrafo traz consigo, de outras encarnações, a arte da escrita já conquistada e retida no arquivo da memória, cujos centros o companheiro desencarnado consegue manobrar.[191]

A comunicação em outra língua, escrita ou falada, não é um fenômeno comum, porque o espírito haverá de ter a habilidade de acessar a memória passada do médium, de modo a nela encontrar a língua pela qual deseja se expressar e os recursos dos quais precisa.

---

190 *Mecanismos da mediunidade*, André Luiz/FCX, FEB, cap. 22.
191 *Nos domínios da mediunidade*, André Luiz/FCX, FEB, cap. 23.

Escrevendo sobre a comunicação dos espíritos, Kardec transcreve ensinamentos espontâneos dos espíritos Erasto e Timóteo, dos quais, no que interessa, aproveito o seguinte:

> Quando queremos transmitir ditados espontâneos, atuamos sobre o cérebro, sobre os arquivos do médium e preparamos os nossos materiais com os elementos que ele nos fornece e isto à sua revelia...[192]

O Codificador se alonga no estudo das comunicações, procurando entender as suas possibilidades, com a ajuda dos ensinamentos espirituais.[193] Afirma, então, que a língua dos espíritos é a do pensamento e dele se utilizam para exprimir suas ideias, mas que para se exprimir numa língua articulada, transmissível, tomam as palavras do próprio médium, porque assim têm menos dificuldades materiais a vencer.

Com efeito, sabemos que a comunicação essencialmente pelo pensamento depende da evolução do espírito e de haver sintonia entre os comunicantes, de modo que, em não existindo, os meios e os recursos serão os conhecidos, tanto pelo espírito como pelo médium.

Numa situação diferente, um espírito que só tenha consciente a habilidade de uma língua e deseje se comunicar por um médium que não a conheça, em havendo sintonia poderá tentar apenas pela transmissão de imagens, que serão interpretadas pelo médium segundo as suas próprias possibilidades de compreensão, o qual retransmitirá o pensamento em sua própria língua. Evidentemente, a fidelidade poderá estar comprometida, variando conforme as condições de cada um.

Falei da importância do pensamento nas comunicações mediúnicas, mas também cabe comentar sobre a sua influência na qualidade das reuniões organizadas para esse fim.

---

192 *O Livro dos Médiuns*, Allan Kardec, tradução Guillon Ribeiro, FEB, cap. 19.

193 Idem

Kardec destaca, com ênfase, a homogeneidade dos pensamentos dos participantes das reuniões, para se conseguir boas comunicações. Diz ele:

> Uma reunião é um ser coletivo, cujas qualidades e propriedades são a resultante das de seus membros e formam como que um feixe. Ora, este feixe tanto mais força terá, quanto mais homogêneo for ... Desde que o espírito é de certo modo atingido pelo pensamento, como nós somos pela voz, vinte pessoas, unindo-se com a mesma intenção, terão necessariamente mais força do que uma só; mas, a fim de que todos esses pensamentos concorram para o mesmo fim, preciso é que vibrem em uníssono; que se confundam, por assim dizer, em um só, o que não pode dar-se sem a concentração.[194]

No livro *Missionários da luz*, André Luiz colabora numa reunião mediúnica e anota a harmonia existente entre os trabalhadores encarnados, com seus pensamentos elevados a nobres propósitos:

> Grande número de cooperadores velavam, atentos. E, enquanto o devotado mentor falava com o coração nas palavras, os dezoito companheiros encarnados demoravam-se em rigorosa concentração do pensamento, elevado a objetivos altos e puros. Era belo sentir-lhes a vibração particular. Cada qual emitia raios luminosos, muito diferentes entre si, na intensidade e na cor. Esses raios confundiam-se à distância aproximada de sessenta centímetros dos corpos físicos e estabeleciam uma corrente de força, bastante diversa das energias de nossa esfera. Essa corrente não se limitava ao círculo movimentado. Em certo ponto, despejava elementos vitais, à maneira de fonte miraculosa, com origem nos

194 *O Livro dos Médiuns*, Allan Kardec, tradução Guillon Ribeiro, FEB, cap. 29, item 331.

> corações e nos cérebros humanos que aí se reuniam. As energias dos encarnados casavam-se aos fluidos vigorosos dos trabalhadores de nosso plano de ação, congregados em vasto número, formando precioso armazém de benefícios para os infelizes, extremamente apegados ainda às sensações fisiológicas.[195]

Em seu livro *Desobsessão*, no qual orienta como as reuniões para esse fim devem ser realizadas, o próprio André Luiz recomenda:

> Imprescindível reconhecer que todos os participantes do conjunto são equiparáveis a pilhas fluídicas ou lâmpadas, que estarão sensibilizadas ou não para os efeitos da energia ou da luz que se lhes pede em auxílio dos que jazem na sombra de espírito. Daí o imperativo do teor vibratório elevado nos componentes da reunião, a fim de que os doentes da alma se reaqueçam para o retorno ao equilíbrio e ao discernimento.[196]

Por óbvio, pensamentos infelizes perturbam a harmonia de uma reunião de caráter espiritual, mas é bom reforçar com a orientação do assistente Áulus:

> - Por isso mesmo, Silva e Clementino necessitam do concurso geral para que a máquina do serviço funcione tão harmoniosamente quanto seja possível. Pessoas que exteriorizem sentimentos menos dignos, equivalente a princípios envenenados nascidos das viciações de variada espécie, perturbam enormemente as atividades dessa natureza, porquanto arrojam no condensador as sombras de que se fazem veículo, prejudicando a eficiência da assembleia e impedindo a visão perfeita da tela por parte da entidade necessitada de compreensão e de luz.[197]

195 *Missionários da luz*, André Luiz/FCX, FEB, cap. 1.
196 *Desobsessão*, André Luiz/FCX, FEB, cap. 20.
197 *Nos domínios da mediunidade*, André Luiz/FCX, FEB, cap. 7.

17. PENSAMENTO INTRUSO

INGRESSO AGORA NUMA ÁREA de difícil compreensão, que é a dos pensamentos indesejáveis, aqueles que insistem em permanecer na mente ou que retornam periodicamente, mesmo contra a nossa vontade.

São pensamentos quase sempre perturbadores, pela recordação de ocorrências traumáticas, ilícitas ou não resolvidas do passado; pela fértil imaginação quanto ao que possa vir a acontecer de ruim; também comum os pensamentos repetitivos lembrando uma cena de um filme ou a narrativa de um livro, até mesmo outros que se mostram inofensivos, como uma música tipo "chiclete" que não sai da nossa cabeça.

Normalmente, são derivados ou estão relacionados a sentimentos como a raiva, a culpa, o medo e a ansiedade, podendo, nos casos mais graves, até causar transtorno obsessivo compulsivo, neuroses e psicoses, patologias mentais de difícil resolução.

Esses pensamentos intrusos ou indesejáveis, também chamados de pensamentos obsessivos, podem produzir certas condutas exóticas, ridículas e incoerentes, mas que para a pessoa são bengalas psicológicas, formas de compensar ou neutralizar os pensamentos repetitivos que mais a atormentam.

Joanna de Ângelis diz:

> Quando se é portador de pensamento compulsivo, a consciência torna-se invadida por representações mentais involuntárias,

> repetitivas e incontroláveis, variando de paciente para paciente. Trata-se de ideias desagradáveis umas, repugnantes outras, que infelicitam, e o enfermo não dispõe de meios lúcidos para as enfrentar, superando-as. Trata-se de um objetivo defensivo do inconsciente pessoal, impedindo que o doente tome conhecimento da sua realidade interior, dos seus legítimos impulsos e emoções.[198]

Mas se é o espírito quem pensa, segundo a vontade e os sentimentos, por que não conseguimos neutralizar esses pensamentos infelizes, e que não mais desejamos?

A resposta, em essência, é que o pensamento exteriorizado não nos pertence. Podemos interromper o fluxo mental, mas não recolher as ondas que arremessamos na intimidade dos nossos corpos ou ao exterior.

E as formas-pensamento ou clichês mentais criados pela mente permanecem circulando no perispírito, incluindo o campo da aura, como entidades autônomas, até quando sejam neutralizados (fragmentados) por ondas luminosas de maior potência, geradas também por nós mesmos ou com a contribuição de eficientes técnicos espirituais, quando nos tornamos merecedores da ajuda.

No livro *Libertação,* André Luiz conta o caso de um cruel investigador de polícia, já em idade avançada, sendo atormentado pelas próprias criações mentais e pelos pensamentos de raiva de suas vítimas. André anota a explicação do instrutor Gúbio:

> – Vejamos a que calamidades fisiológicas podem os distúrbios da mente conduzir um homem. Temos sob nosso olhar um investigador da polícia em graves perturbações. Não soube deter o bastão da responsabilidade. Dele abusou para humilhar e ferir. Durante alguns anos, conseguiu manter o remorso a

198 *Triunfo pessoal,* Joanna de Ângelis/DPF, LEAL, cap.6.

> distância; todavia, cada pensamento de indignação das vítimas passou a circular-lhe na atmosfera psíquica, esperando ensejo de fazer-se sentir. Com a maneira cruel de proceder atraiu, não só a ira de muita gente, mas também a convivência constante de entidades de péssimo comportamento que mais lhe arruinaram o teor de vida mental. Chegado o tempo de meditar sobre os caminhos percorridos, na intimidade dos primeiros sintomas de senectude corporal, o remorso abriu-lhe grande brecha na fortaleza em que se entrincheirava. As forças acumuladas dos pensamentos destrutivos que provocou para si mesmo, através da conduta irrefletida a que se entregou levianamente, libertadas de súbito pela aflição e pelo medo, quebraram-lhe a fantasiosa resistência orgânica, quais tempestades que se sucedem furiosas, esbarrondando a represa frágil com que se acredita conter o impulso crescente das águas.

Mais adiante prossegue:

> – Este amigo, no fundo, está perseguido por si mesmo, atormentado pelo que fez e pelo que tem sido. Só a extrema modificação mental para o bem poderá conservá-lo no vaso físico; uma fé renovadora, com esforço de reforma persistente e digna da vida moral mais nobre, conferir-lhe-á diretrizes superiores, dotando-o de forças imprescindíveis à autorrestauração. Permanece dominado pelos quadros malignos que improvisou em gabinetes isolados e escuros, pelo simples gosto de espancar infelizes, a pretexto de salvaguardar a harmonia social. A memória é um disco vivo e milagroso. Fotografa as imagens de nossas ações e recolhe o som de quanto falamos e ouvimos... Por intermédio dela, somos condenados ou absolvidos, dentro de nós mesmos.[199]

---

199 *Libertação*, André Luiz/FCX, FEB, cap. 11.

Os pensamentos intrusos, então, são aqueles originados por nós mesmos ou são de outrem e por nós agasalhados, permanecendo na nossa atmosfera mental, na forma de imagens ou sons, e que, não tendo sido devidamente equacionados, surgem à lembrança vez por outra, de forma perturbadora, aleatoriamente ou em razão de fatos atuais que os atraem à consciência.

Ainda mais, por efeito da natural conjugação de ondas de vibrações semelhantes, esses pensamentos são potencializados e agravam a nossa condição mental e, consequentemente, a física.

Vejamos o ensinamento do assistente Silas, na obra *Ação e reação*:

> [...] Imaginemos agora o pensamento, força viva e atuante, cuja velocidade supera a da luz. Emitido por nós, volta inevitavelmente a nós mesmos, compelindo-nos a viver, de maneira espontânea, em sua onda de formas criadoras, que naturalmente se nos fixam no espírito quando alimentadas pelo combustível de nosso desejo ou de nossa atenção. Daí, a necessidade imperiosa de nos situarmos nos ideais mais nobres e nos propósitos mais puros da vida, porque energias atraem energias da mesma natureza, e, quando estacionários na viciação ou na sombra, as forças mentais que exteriorizamos retornam ao nosso espírito, reanimadas e intensificadas pelos elementos que com elas se harmonizam, engrossando, dessa forma, as grades da prisão em que nos detemos irrefletidamente, convertendo-se-nos a alma num mundo fechado, em que as vozes e os quadros de nossos próprios pensamentos, acrescidos pelas sugestões daqueles que se ajustam ao nosso modo de ser, nos impõem reiteradas alucinações, anulando-nos, de modo temporário, os sentidos sutis.[200]

---

200 *Ação e reação*, André Luiz/FCX, FEB, cap. 4.

E no capítulo 5, prossegue esclarecendo:

> - Recordemos, ainda, o pensamento, atuando à feição de onda, com velocidade muito superior à da luz, e lembremo-nos de que toda mente é dínamo gerador de força criativa. Ora, sabendo que o bem é expansão da luz e que o mal é condensação da sombra, quando nos transviamos na crueldade para com os outros, nossos pensamentos, ondas de energia sutil, de passagem pelos lugares e criaturas, situações e coisas que nos afetam a memória, agem e reagem sobre si mesmos, em circuito fechado, e trazemos, assim, de volta, as sensações desagradáveis, hauridas ao contacto de nossas obras infelizes.[201]

Por evidente, sempre quando somos surpreendidos por pensamentos indesejados, é sinal de que se faz necessária uma equação, para entendermos os sentimentos infelizes que subsistem e deles nos liberarmos por uma atitude mental positiva.

---

201 Idem, cap. 5.

18. PENSAMENTO E SAÚDE

SE O ESPÍRITO COMANDA os corpos pelos pensamentos, evidentemente que a integridade deles depende da qualidade do que pensamos. A saúde e a doença estão relacionadas diretamente com o nosso estado mental.

Joanna de Ângelis diz:

> O pensamento desempenha uma função importante no conjunto existencial do ser humano, percorrendo todas as células, particularmente as do sistema nervoso simpático, que mantêm perfeito intercâmbio com as do imunológico.
>
> [...]
>
> Quando essas emissões são constituídas de ideias otimistas, pacificadoras, alegres, embora não ruidosas, surgem as respostas saudáveis no corpo, que se apresenta dinâmico, jovial, tendo preservados os seus equipamentos.
>
> Quando, no entanto, são carregados de energia deletéria, depressiva, inconformista, perturbadora, os efeitos apresentam-se danosos, agredindo as defesas imunológicas e desarticulando os mecanismos de equilíbrio que respondem pela saúde.[202]

Em outro momento da obra, nossa irmã explica como se processa a ação do pensamento no corpo:

---

202 *Dias gloriosos*, Joanna de Ângelis/DPF, LEAL, cap.3.

> Os pensamentos que se originam no ser espiritual, à medida que se transferem para as áreas da sensação, da emoção e da ação, imprimem os seus conteúdos nas referidas células de energia (*refere-se às células do perispírito*) que os executam na forma física, estabelecendo os resultados conforme a qualidade da onda mental.
>
> Graças ao teor vibratório de cada emissão pensante, a carga estimula a consciência celular que se sente mais fortalecida, gerando saúde ou se desarmoniza, produzindo a doença.[203]

O nobre espírito Emmanuel destaca sobre os prejuízos de pensamentos inferiores:

> Os reflexos dos sentimentos menos dignos que alimentamos voltam-se sobre nós mesmos, depois de convertidos em ondas mentais, tumultuando o serviço das células nervosas que, instaladas na pele, nas vísceras, na medula e no tronco cerebral, desempenham as mais avançadas funções técnicas; acentue-se, ainda, que esses reflexos menos felizes, em se derramando sobre o córtex encefálico, produzem alucinações que podem variar da fobia oculta à loucura manifesta, pelas quais os reflexos daqueles companheiros encarnados ou desencarnados, que se nos conjugam ao modo de proceder e de ser, nos atingem com sugestões destruidoras, diretas ou indiretas, conduzindo-nos a deploráveis fenômenos de alienação mental, na obsessão comum, ainda mesmo quando no jogo das aparências possamos aparecer como pessoas espiritualmente sadias.[204]

No livro *Atualidade do pensamento espírita*, perguntado "como se processa a relação físico-perispírito no desenvolvimento das enfermidades", o espírito Vianna de Carvalho respondeu:

---

203 Idem, cap. 5.

204 *Pensamento e vida*, Emmanuel/FCX, FEB, cap. 15.

> Assinalado por deficiências vibratórias específicas decorrentes do mau uso do organismo em existência anterior ou na atual, o campo de energia apresenta-se debilitado, exteriorizando-se em ondas de frequência descontínua que dificulta o processo da mitose celular ou diminui a produção de leucócitos, dessa forma deixando livre o espaço para as infecções, as deteriorações e desequilíbrios emocionais que aí se instalam.
>
> É do espírito, através do seu perispírito, que partem as correntes de energia, encarregadas de contribuir para o metabolismo orgânico, e não do corpo para aquele núcleo que lhe distribui as forças.[205]

Dessa maneira, no uso indevido dos nossos pensamentos, no passado ou agora, está, geralmente, a causa das nossas mazelas, físicas ou psicológicas, e a nós pertence o maior esforço para alcançarmos o equilíbrio e a saúde. Disse geralmente, porque há ocorrências dolorosas e mesmo patologias que decorrem das lutas enfrentadas num mundo inferior como o nosso, onde a matéria está sujeita a danos. Por outro lado, ainda que hoje estejamos pensando harmoniosamente, podemos suportar doenças como expiação dos erros de outrora, que não conseguimos reparar integralmente com obras do bem.

Em *O Evangelho segundo o Espiritismo*, afirmou Kardec:

> Interroguem friamente suas consciências todos os que são feridos no coração pelas vicissitudes e decepções da vida; remontem passo a passo à origem dos males que os torturam e verifiquem se, as mais das vezes, não poderão dizer: Se eu houvesse feito, ou deixado de fazer tal coisa, não estaria em semelhante condição.
>
> A quem, então, há de o homem responsabilizar por todas essas aflições, senão a si mesmo? O homem, pois, em grande

205 *Atualidade do pensamento espírita*, Vianna de Carvalho/DPF, LEAL, perg. 52.

> número de casos, é o causador de seus próprios infortúnios; mas, em vez de reconhecê-lo, acha mais simples, menos humilhante para a sua vaidade acusar a sorte, a Providência, a má fortuna, a má estrela, ao passo que a má estrela é apenas a sua incúria.[206]

Nossos desregramentos mentais, nossos pensamentos desarmoniosos e infelizes podem ter origem na vida presente ou em qualquer momento da nossa trajetória espiritual, repercutindo quase sempre na mesma reencarnação, mas muitas vezes os efeitos se prolongam no tempo, na espiritualidade ou em futuras reencarnações.

No livro *Missionários da luz*, no capítulo Passes, André Luiz anota algumas situações em que os pensamentos perturbadores agem para destruir as possibilidades orgânicas, recebendo orientações do assistente Anacleto.

Uma delas:

> - Esta amiga, na manhã de hoje, teve sérios atritos com o esposo, entrando em grave posição de desarmonia íntima. A pequena nuvem que lhe cerca o órgão vital representa matéria mental fulminatória. A permanência de semelhantes resíduos no coração pode ocasionar-lhe perigosa enfermidade.[207]

E no livro *No mundo maior*, nosso irmão observa as condições de uma jovem:

> Rememorando as palavras ouvidas dos lábios maternos, acolheu-se a jovem num divã, em pranto convulsivo. Torturantes

206 *O Evangelho segundo o Espiritismo*, Allan Kardec, tradução Guillon Ribeiro, FEB, cap. 5.

207 *Missionários da luz*, André Luiz/FCX, FEB, cap. 19.

> pensamentos se lhe entrechocavam no cérebro enfermo. Vibrações pesadas caracterizando-se pela cor muito escura, desciam-lhe da fronte e fixavam-se no aparelho respiratório. Represavam-se na pleura, invadiam os alvéolos e daí passavam ao coração, influenciando as trocas sanguíneas, momento em que a substância fluídica das emissões mentais se esvanecia, absorvida pelas artérias. Notei, porém, que esse material oriundo da mente perturbada, imprimindo-se no mecanismo fisiológico, era assimilado pelo sangue, que, a seu turno, o restituía ao cérebro físico, acumulando-se em todas as zonas deste, mais próximas da substância cinzenta.[208]

A repercussão dos nossos pensamentos se dá no corpo físico, mas prossegue mesmo no perispírito, após a desencarnação.

Nesse sentido o ensinamento do instrutor Druso, que André Luiz anotou na obra *Ação e reação*:

> O pretérito fala em nós com gritos de credor exigente, amontoando sobre as nossas cabeças os frutos amargos da plantação que fizemos... Daí, os desajustes e enfermidades que nos assaltam a mente, desarticulando-nos os veículos de manifestação. Admitíamos que a transição do sepulcro fosse lavagem miraculosa, liberando-nos o espírito, mas ressuscitamos no corpo sutil de agora com os males que alimentamos em nosso ser. Nossas ligações com a retaguarda, por essa razão, continuam vivas.[209]

É o caso do próprio André Luiz, que aportou no mundo espiritual vitimado por um câncer a que deu causa por sua conduta mental, ainda carregando marcas no perispírito, e no hospital de *Nosso Lar* foi alertado pelo médico Henrique de Luna:

---

208 *No mundo maior*, André Luiz/FCX, FEB, cap.6.

209 *Ação e reação*, André Luiz/FCX, FEB, cap. 2.

> – Vejamos a zona intestinal – exclamou. – A oclusão derivava de elementos cancerosos, e estes, por sua vez, de algumas leviandades do meu estimado irmão, no campo da sífilis. A moléstia talvez não assumisse características tão graves, se o seu procedimento mental no planeta estivesse enquadrado nos princípios da fraternidade e da temperança. Entretanto, seu modo especial de conviver, muita vez exasperado e sombrio, captava destruidoras vibrações naqueles que o ouviam. Nunca imaginou que a cólera fosse manancial de forças negativas para nós mesmos? A ausência de autodomínio, a inadvertência no trato com os semelhantes, aos quais muitas vezes ofendeu sem refletir, conduziam-no frequentemente à esfera dos seres doentes e inferiores. Tal circunstância agravou, de muito, o seu estado físico.[210]

Mais graves são as perturbações que alcançam em profundidade as estruturas mentais do espírito.

No livro *Mecanismos da mediunidade*, André Luiz esclarece:

> [...] na retaguarda dos desequilíbrios mentais, sejam da ideação ou da afetividade, da atenção e da memória, tanto quanto por trás de enfermidades psíquicas clássicas, como, por exemplo, as esquizofrenias e as parafrenias, as oligofrenias e a paranoia, as psicoses e neuroses de multifária expressão, permanecem as perturbações da individualidade transviada do caminho que as Leis Divinas lhe assinalam à evolução moral.
>
> ...
>
> Torturada por suas próprias ondas desorientadas, a reagirem, incessantes, sobre os centros e mecanismos do corpo espiritual, cai a mente nas desarmonias e fixações consequentes e, porque o veículo de células extrafísicas que a serve, depois da morte, é extremamente influenciável, ambienta nas próprias

---

210 *Nosso Lar*, André Luiz/FCX, FEB, cap.4.

> forças os desequilíbrios que a senhoreiam, consolidando-se-lhe, desse modo, as inibições que, em futura existência, dominar-lhe-ão temporariamente a personalidade, sob a forma de fatores mórbidos, condicionando as disfunções de certos recursos do cérebro físico, por tempo indeterminado.[211]

Ilustrativo o doloroso caso do jovem Marcelo, um espírito em remição reencarnado, mas que trazia a marca da epilepsia, com episódios quando da aproximação de cobradores do seu passado de enganos. Conta André que Marcelo dormiu, deixou o corpo com lucidez e dialogava com ele e o assistente Calderaro quando se perturbou à aproximação de inimigos espirituais, correndo de volta para o corpo e em crise.

André observa o destrambelho do encéfalo e da zona motora do jovem e Calderaro explica:

> [...] A mente desorientada abandona o leme da organização perispirítica e dos elementos fisiológicos, assume condições excêntricas, dispersa as energias que lhe são peculiares, em movimentos desordenados; passam, então, essas energias a atritarem-se e a emitir radiações de baixa frequência, aproximadamente igual à da que lhe incidia do pensamento alucinado de suas vítimas. Essas emissões destruidoras invadem a matéria delicada do córtex encefálico, assenhoreiam-se dos centros corticais, perturbam as sedes da memória, da fala, da audição, da sensibilidade, da visão e inúmeras outras sedes do governo de vários estímulos; temos, destarte, o grande mal, de sintomatologia aparatosa, determinando as convulsões, nas quais o corpo físico, prostrado, vencido, mais se assemelha a embarcação repentinamente à matroca.[212]

---

211 *Mecanismos da mediunidade,* André Luiz/FCX, FEB, 24.

212 *No mundo maior,* André Luiz/FCX, FEB, cap. 8

As doenças mentais, que geralmente têm por causa a culpa, são com frequência agravadas pelos pensamentos vingativos das vítimas.

No livro *Loucura e obsessão*, Manoel Philomeno de Miranda anota ensinamentos do espírito doutor Bezerra de Menezes quanto a um caso de esquizofrenia, patologia comum e de difícil tratamento, igualmente com raízes na culpa. Diz ele:

> Afetando o equilíbrio da energia espiritual que constitui o ser eterno, a consciência individual imprime, nas engrenagens do perispírito, os remorsos e turbações, os recalques e conflitos que perturbarão os centros do sistema nervoso e cerebral, bem como os seus equipamentos mais delicados, mediante altas cargas de emoção descontrolada que lhe danificam o complexo orgânico e emocional.
>
> ...
>
> Rigidez, desagregação do pensamento, ideias delirantes, incoerência são algumas alterações do comportamento esquizofrênico, originadas nos recessos do espírito que, mediante a aparelhagem fragmentada, se expressa em descontrole, avançando para a demência, passando antes pela fase das alucinações, quando reencontra os seus perseguidores espirituais que ora vêm ao desforço. Sejam, portanto, quais forem os fatores que propiciam a instalação da esquizofrenia, no homem, o que desejamos é demonstrar que o espírito culpado é o responsável pela alienação que padece no corpo, sendo as suas causas atuais consequências diretas ou não do passado.[213]

Dessa maneira, atormentado pelo remorso e com a mente fixada nos quadros e imagens a que deu causa por sua imprevidência, quase sempre assoberbado pelos pensamentos vingativos

---

213 *Loucura e obsessão*, Manoel Philomeno de Miranda/DPF, FEB, cap. 4.

de suas vítimas; ou tendo sido incapaz de suportar, pela fragilidade interior, decepções, perdas afetivas ou ocorrências traumáticas, o espírito desagrega, desarmoniza os implementos mentais e passa a gravitar em circuito fechado, entregue a fixações ou clichês mentais, não mais conseguindo estruturar um raciocínio coerente, lógico e fluido, razão pela qual se expressa de forma fragmentada, confusa, atormentada, misturando ocorrências e lembranças, muitas que se derramam da memória remota, do inconsciente profundo.

Por trás vislumbramos a culpa grave, o medo aterrador, o ódio exacerbado e o orgulho não atendido, a se manifestarem em condutas doentias e catalogadas pela psiquiatria moderna.

Destrambelharam-se o cérebro perispiritual e os centros de força, com repercussão direta nos órgãos carnais, quando da reencarnação, situação não raramente conjugada com outras deficiências físicas.

De outra parte, ao reverso, quando no corpo físico, condutas abusivas e viciosas nos campos da drogadição, alcoolismo, sexualidade - sinais evidentes dos descuidos morais - provocam doenças que aniquilam ou comprometem os neurônios e impedem o fluxo normal do pensamento, causando, dentre outras patologias, a demência, a neurose, a paranoia, o mal de Alzheimer, doença de Parkinson etc., com repercussão direta na mente e seus órgãos espirituais, que igualmente se desorganizam e perturbam a memória e os pensamentos.

Algumas doenças cerebrais nem sempre acarretam perturbação mental do espírito, por exemplo aquelas decorrentes de traumatismo ou acidente vascular cerebral (avc), situação em que o espírito permanece lúcido, mas na condição do músico que não pode se valer de um instrumento total ou parcialmente danificado. Em razão disso, o espírito consegue a emancipação da alma, pelo sono, em condições lúcidas, e pode livremente manifestar o seu pensamento pelo corpo espiritual, ressentindo-se, porém, pelo fato de ainda se encontrar aprisionado num corpo físico incapaz, o que lhe constitui expiação e prova.

São afetados por doenças mentais tanto os encarnados como os desencarnados.

Inumeráveis espíritos chegam de retorno ao plano espiritual em graves condições mentais, a exemplo da gradação listada pela nossa psiquiatria, guardadas as peculiaridades da nova condição em que se encontram. Aprisionados aos seus pensamentos doentios, prosseguem na Espiritualidade colhendo os efeitos de seus desregramentos morais, dos desequilíbrios emocionais ou do exagerado apego aos valores terrenos, enrodilhados por formas-pensamento e mesmo deformando seus corpos espirituais.

O livro *Os mensageiros* nos informa de variados casos dessa natureza, espíritos perturbados que já se encontravam acolhidos na instituição Campo da Paz. Eram criaturas que desconheciam a condição de desencarnados e reivindicavam seus supostos direitos ou manifestavam suas preocupações com ocorrências que ficaram para trás.

Alfredo, o diretor da instituição, informou a André Luiz:

> No círculo carnal, seriam todos absolutamente normais; no entanto, aqui, são verdadeiros loucos. São desencarnados que, por muito tempo, se agarraram aos problemas inferiores. Reclamam providências, sem falar no ensejo de iluminação que menosprezaram, acusam os outros, sem relacionarem os próprios erros.
>
> [...]
>
> Foram recolhidos em pior estado. Já estiveram em pesado sono durante muito tempo e vão readquirindo a memória, gradativamente, até que possam ser encaminhados aos Institutos Magnéticos de "Campo da Paz", a fim de receberem maiores auxílios e necessários esclarecimentos.[214]

214 *Os mensageiros*, André Luiz/FCX, FEB, cap. 21.

Na mesma instituição, André visitou edifícios onde milhões de espíritos permaneciam adormecidos e ouviu os esclarecimentos do dirigente:

> Dormem, porque estão magnetizados pelas próprias concepções negativistas; permanecem paralíticos, porque preferiram a rigidez ao entendimento; mas dia virá em que deverão levantar-se e pagar os débitos contraídos. Eis porque os considero sofredores. Primeiramente, demoram no sono em que acreditaram, mais tarde acordam; porém, a maioria não pode fugir à enfermidade e à perturbação, como acontece aos irmãos dementados, que vimos inda há pouco.[215]

Manoel Philomeno de Miranda também nos conta sobre sua visita a uma enfermaria espiritual do Hospital Esperança, onde vários espíritos se encontravam em lamentável estado de desequilíbrio psíquico. Deteve-se ele a observar um paciente desfigurado, estereótipo do alucinado, anotando:

> Gritava e debatia-se com desesperação, como se desejasse libertar-se de agressores invisíveis que o agoniavam. Agucei a observação mental e detectei que ele lutava contra formas hediondas que o ameaçavam e logravam atacá-lo.
>
> Ante a surpresa, que se me fez natural, o amigo gentil explicou-me:
>
> Trata-se de formas-pensamento, que foram elaboradas por ele mesmo durante quase toda a existência de adulto, e de que não se conseguiu desembaraçar na Terra, continuando no seu campo mental após a morte física. Tão vívida era a sua constituição que adquiriram existência, e são nutridas agora pelo medo e pelo mecanismo da consciência culpada.[216]

---

215 Idem, cap. 22.

216 *Tormentos da obsessão*, Manoel Philomeno de Miranda/DPF, LEAL, cap. 17.

No livro *Ação e reação*[217], André Luiz e Hilário se encontravam numa outra instituição espiritual, denominada Mansão Paz, localizada nas regiões inferiores, quando foram convidados a acompanhar a chegada de recém-desencarnados, sendo informados que se tratava de espíritos "em desequilíbrio mental, mas credores de imediata assistência, de vez que não se achavam em desesperação, nem se haviam comprometido de todo com as forças dominantes nas trevas"; alguns estavam em macas, "desmemoriados e dormentes", e outros revelavam "perturbações manifestas, loucura desagradável, e falavam e reclamavam, demonstrando absoluta ausência mental da realidade".

Um desses espíritos, gênero feminino, imaginava-se na presença de um padre e pedia para confessar-se arrependida de ter desprezado a genitora. O assistente Silas explicou:

> As faculdades mentais de nossa irmã sofredora estagnaram-se no remorso, em razão do delito máximo de sua existência última, e, desde que foi mais intensamente tocada pelas reflexões da morte, entregou-se, de modo total, a semelhantes reminiscências. Por haver cultivado a fé católica romana, imagina-se ainda diante do sacerdote, acusando-se pela falta que lhe maculou a vida...

Outro espírito feminino pedia socorro para libertar-se de Satã e diz André Luiz que,

> [...] como que a se lhe enraizar no cérebro, via escapar-lhe do campo íntimo a figura animalesca de um homem agigantado, de longa cauda, com a fisionomia de um caprino degenerado, exibindo pés em forma de garras e ostentando dois chifres, sentado numa cadeira tosca, qual se vivesse em perfeita simbiose com a infortunada criatura, em mútua imanização.

---

217 *Ação e reação*, André Luiz/FCX, FEB, cap. 4.

Novamente, informou o assistente:

> – É um clichê mental, criado e nutrido por ela mesma. As ideias macabras da magia aviltante, quais sejam as da bruxaria e do demonismo que as igrejas denominadas cristãs propagam, a pretexto de combatê-los, mantendo crendices e superstições, ao preço de conjurações e exorcismos, geram imagens como esta, a se difundirem nos cérebros fracos e desprevenidos, estabelecendo epidemias de pavor alucinatório. As inteligências desencarnadas, entregues à perversão, valem-se desses quadros mal contornados que a literatura feiticista ou a pregação invigilante distribuem na Terra, a mancheias, e imprimem-lhes temporária vitalidade, assim como um artista do lápis se aproveita dos debuxos de uma criança, tomando-os por base dos desenhos seguros com que passa a impressionar o ânimo infantil.

Inumeráveis são os relatos do cuidado que a Espiritualidade tem no socorro a desencarnados que aportam no mundo espiritual com grave comprometimento mental, mas esses são espíritos já em melhores condições, porque acolhidos e em tratamento, mais ou menos conscientes. O sofrimento que experimentam significa um progresso, porquanto outros espíritos ensandecidos permanecem na revolta e no mal, distantes de Deus e da oração, em regiões inferiores criadas pelos seus próprios pensamentos ou lançando fel entre os encarnados, fechados aos convites para a renovação. Também são considerados doentes e a misericórdia divina apenas aguarda o momento certo para ampará-los, quando cansados e arrependidos desejarem buscar o caminho do bem.

No livro *Obreiros da vida eterna*, André Luiz acompanha uma caravana da Casa Transitória em regiões sombrias, sob o comando da dirigente Zenóbia. No trajeto, observa ele:

> A sombra tornava-se, de novo, muito densa e não se conseguia divisar o recôncavo. Frases comovedoras, porém, subiam até nós. Dolorosos ais, blasfêmias, imprecações. Guardava a ideia de que vastíssimo agrupamento de infelizes se rebolcava no solo, embaixo. Os impropérios infundiam receio; contudo, os gemidos ecoavam-me angustiosamente n'alma.

Irmã Zenóbia esclareceu:

> - Os padecimentos que sentimos não se verificam à revelia da Proteção Divina. Incansáveis trabalhadores da verdade e do bem visitam seguidamente estes sítios, convocando os prisioneiros da rebeldia à necessária renovação espiritual; no entanto, retraem-se eles, revoltados e endurecidos no mal. Lamentam-se, suplicam e provocam compaixão. Raramente alguns deles nos ouvem o apelo. Às vezes, intentamos impor-lhes o bem. Entretanto, quando retirados compulsoriamente do vale tenebroso, acusam-nos de violentadores e ingratos, fugindo ao nosso contacto e influenciação.[218]

Entre os revoltados há os submetidos e os dominadores, estes mais inteligentes e mais perversos, que erguem cidades e colônias em regiões inferiores, de natureza sombria, onde se reúnem por afinidades vibratórias relacionadas com a culpa, o medo, a viciação e o orgulho.

Da obra *Libertação* colho a explicação do instrutor Gúbio:

> Tais colônias perturbadoras devem ter começado com as primeiras inteligências terrestres entregues à insubmissão e à indisciplina, ante os ditames da Paternidade Celestial. A alma caída em vibrações desarmônicas, pelo abuso da liberdade que

---

218 *Obreiros da vida eterna*, André Luiz/FCX, FEB, cap.8.

> lhe foi confiada, precisa tecer os fios do reajustamento próprio e milhões de irmãos nossos se recusam a semelhante esforço, ociosos e impenitentes, alongando o labirinto em que muitas vezes se perdem por séculos. Inabilitados para a jornada imediata, rumo ao Céu, em virtude das paixões devastadoras que os magnetizam, arrebanham-se de conformidade com as tendências inferiores em que se afinam, ao redor da Crosta Terrestre, de cujas emanações e vidas inferiores ainda se nutrem, qual ocorre aos próprios homens encarnados. O objetivo essencial de tais exércitos sombrios é a conservação do primitivismo mental da criatura humana, a fim de que o Planeta permaneça, tanto quanto possível, sob seu jugo tirânico.[219]

Por óbvio, manter a saúde física e mental ou curar-se passa pela elevação dos nossos pensamentos.

No estado evolutivo em que nos encontramos, é natural que tenhamos pensamentos qualificados por sentimentos inferiores, mas nosso esforço deve ser no sentido de neutralizá-los e evitar que ganhem força, pois o monoideísmo é desagregador. Cabe aqui, como em tudo, a recomendação de Jesus para que vigiemos e oremos (Mateus 26:41).

Nossa atenção, portanto, deve estar sempre direcionada para a qualidade do que pensamos, evitando a fixação de clichês infelizes

Avançando do primarismo para a civilização, da ignorância para a sabedoria e do egoísmo para a solidariedade, o espírito cada vez mais desperta a consciência e desenvolve a moral, conhecendo a própria realidade e dando conta de que o que pensa determina a sua felicidade e infelicidade. É um lento processo e inevitáveis são os enganos e suas funestas consequências, mas a destinação do espírito é a purificação.

---

219 *Libertação*, André Luiz/FCX, FEB, cap.2.

Dispomos de variados mecanismos mentais que nos ajudam a qualificar os pensamentos, alguns de uso próprio e outros utilizados por terceiros em nosso favor.

A reflexão e a meditação são atitudes mentais que nos possibilitam o autoconhecimento e a estabilidade dos nossos pensamentos. Isolando-nos momentaneamente do meio externo, viajamos para a nossa intimidade e avaliamos o resultado da concretização das nossas ideias.

Essa é uma orientação do espiritismo para alcançarmos o nosso progresso, muito bem resumida por Agostinho de Hipona (Santo Agostinho), na conhecida resposta à questão 919 de *O Livro dos Espíritos*. Kardec quis saber qual é o meio prático mais eficaz que tem o homem de se melhorar nesta vida e de resistir à atração do mal, e Agostinho nos aconselhou a fazer como ele:

> Fazei o que eu fazia, quando vivi na Terra: ao fim do dia, interrogava a minha consciência, passava revista ao que fizera e perguntava a mim mesmo se não faltara a algum dever, se ninguém tivera motivo para de mim se queixar. Foi assim que cheguei a me conhecer e a ver o que em mim precisava de reforma. Aquele que, todas as noites, evocasse todas as ações que praticara durante o dia e inquirisse de si mesmo o bem ou o mal que houvera feito, rogando a Deus e ao seu anjo de guarda que o esclarecessem, grande força adquiriria para se aperfeiçoar, porque, crede-me, Deus o assistiria. Dirigi, pois, a vós mesmos perguntas, interrogai-vos sobre o que tendes feito e com que objetivo procedestes em tal ou tal circunstância, sobre se fizestes alguma coisa que, feita por outrem, censuraríeis, sobre se obrastes alguma ação que não ousaríeis confessar.[220]

---

220 *O Livro dos Espíritos*, Allan Kardec, tradução Guillon Ribeiro, FEB.

A regra serve para o que fazemos para o próximo e igualmente para nós mesmos, porque a lei divina é "amar ao próximo como a si mesmo"; portanto, quem não se ama não será capaz de verdadeiramente amar o semelhante.

Pensando no bem do próximo e no nosso, naturalmente o futuro nos reservará uma vida plenamente saudável, desde logo ou nas próximas reencarnações. Ainda hoje, porém, somos o resultado do que dantes pensamos e fizemos e do que ainda pensamos e estamos fazendo. Quer dizer que, aqui neste planeta, quase todos somos espíritos comprometidos com a lei e doentes em recuperação, alguns já resignados e outros ainda rebeldes.

Os mais maduros e fortes conseguem se autorrealizar e assumem novas posturas mentais e condutas enobrecedoras; a grande maioria, no entanto, carece de ajuda eficiente. O serviço de solidariedade e socorro, funcionando aqui ou na Espiritualidade, se faz pelos diversos profissionais da saúde e religiosos encarnados ou desencarnados.

A medicina e a psicologia, bem como outras profissões ligadas à saúde, avançam com diversos recursos e instrumentos capazes de auxiliar a Humanidade. Fazem propostas de cuidados preventivos e atuam nas doenças com grandes probabilidades de cura ou sobrevida. O sucesso, porém, depende do claro esforço dos doentes. São indispensáveis os pensamentos otimistas e confiantes, uma conduta equilibrada, disciplinada e saudável, a paciência e a perseverança, pois do contrário os corpos não se reequilibram.

Joanna de Ângelis ensina:

> A cura real é uma operação profunda de transformação interior, que ocorre somente quando os fatores propiciadores da injunção danosa se modificam para melhor, dando lugar ao equilíbrio das suas variadas funções no campo da energia.
>
> Imprescindível se faz, nesse caso, que a mente processe todos os conteúdos emocionais e morais de maneira adequada, a fim

> de que a recuperação da saúde através da terapia utilizada venha a produzir a cura real, evitando as recidivas que decorrem exatamente da falta de composição vibratória dos delicados elementos pelos quais o espírito interage no corpo.[221]

Em consonância, diz Emmanuel:

> [...] porque somente ao preço de nossa incessante renovação mental para o bem, com o apoio do estudo nobre e do serviço constante, é que superaremos o domínio da enfermidade, aproveitando os dons do Senhor e evitando os reflexos letais que se fazem acompanhar do suicídio indireto.[222]

Se a medicina objetivamente cura corpos, a psiquiatria e a psicologia se preocupam com a mente adoentada, a causa superior das nossas enfermidades. Remédios modernos são eficientes para acalmar a mente agitada e permitir pensamentos mais ou menos lógicos, e terapias contribuem para o autoconhecimento, que leva à mudança de comportamento.

Não se pode olvidar, porém, a importância da força do pensamento positivo, da fé robusta e mesmo da colaboração espiritual. Não só confiar nos médicos que fazem diagnósticos e recomendam o tratamento material, mas também ter a certeza de que a Providência Divina não nos falta com o seu amparo.

O espiritismo não desdenha os cuidados da ciência humana – que também é de Deus –, mas elucida que os amigos espirituais nos acompanham o sofrimento e nos socorrem sempre que necessário às nossas experiências evolutivas. Agem em atendimento direto às nossas súplicas, mas também intercedem quando a dor já for superlativa e suficiente.

---

221 *Dias gloriosos*, Joanna de Ângelis/DPF, LEAL, cap. 7.

222 *Pensamento e vida,* Emmanuel/FCX, FEB, cap. 28.

Nem sempre a cura do corpo é possível, porque não raro a doença e consequente morte fazem parte do programa evolutivo previamente estabelecido, mas os pensamentos elevados contribuem para diminuir o sofrimento e preparam para o retorno ao plano espiritual em condições favoráveis e mente mais lúcida. O corpo se degrada, mas o espírito se ilumina.

Os espíritos amigos também se dedicam à tarefa de inspirar os médicos encarnados no serviço de cura de seus pacientes, de modo a serem estes devidamente atendidos nas suas necessidades.

André Luiz anotou a fala de um trabalhador espiritual, dedicado a inspirar psiquiatras:

> - Tenho minhas atribuições junto aos desequilibrados mentais; todavia, meu esforço maior, ultimamente, desdobra-se na região inspiracional dos médicos humanitários, para que os candidatos involuntários à perturbação sejam auxiliados a tempo. Depois de verificada a loucura propriamente dita, na maioria dos casos terminou o processo da desarmonia psíquica. Muito difícil conduzir a restauração perfeita aos alienados com ficha reconhecida, embora seja incessante a nossa batalha pelo restabelecimento integral da percentagem possível de enfermos. Antes do desequilíbrio completo, houve enorme período em que o socorro do psiquiatra poderia ter sido providencial e eficiente. Não será, portanto, um grande trabalho orientarmos indiretamente o médico bem-intencionado, para que ele auxilie o provável alienado, a tempo, empregando a palavra confortadora e o carinho restaurador?[223]

A Espiritualidade não só auxilia os profissionais da saúde, mas também age diretamente, inspirando os doentes e igualmente curando-os, se merecerem. Quando não podem socorrer o

---

223 *Obreiros da vida eterna*, Emmanuel/FCX, FEB, cap. 31.

corpo físico, preocupam-se em cuidar do corpo espiritual, tanto quanto possível.

No livro *Missionários da luz*, André Luiz narra o atendimento ao doente Antônio, feito pelo instrutor Alexandre. Conta ele, no que nos interessa:

> Em seguida, o orientador iniciou complicadas operações magnéticas, no corpo inanimado, ministrando energias novas à espinha dorsal. Decorridos alguns instantes, colocou a destra ao longo do fígado e, mais tarde, demorando-a no cérebro físico, bem à altura da zona motora, chamou-me e disse: – André, mantenha-se em prece, cooperando conosco. Convocarei alguns irmãos em serviço, nesta noite, para auxiliar-nos.[224]

Logo em seguida, Alexandre prossegue no tratamento, contando com os fluidos de Afonso, um médium encarnado em desdobramento, trazido por uma equipe de trabalhadores:

> Foi então que vi Alexandre funcionar como verdadeiro magnetizador. Recordando meus antigos trabalhos médicos nos casos extremos de transfusão de sangue, via-lhe perfeitamente o esforço de transferir vigorosos fluidos de Afonso para o organismo de Antônio, já moribundo.
>
> Na qualidade de discípulo, acentuando minhas faculdades de análise, junto de preciosa lição, observei que o semblante do enfermo transformava-se gradualmente. À medida que o instrutor movimentava as mãos sobre o cérebro de Antônio, este revelava sinais crescentes de melhoras. Verificava, sob forte assombro, que a sua forma perispiritual reunia-se devagarzinho à forma física, integrando-se, harmoniosamente, uma com a outra, como se estivessem, de novo, em processo de reajustamento, célula por célula.

224 *Missionários da luz*, André Luiz/FCX, FEB, cap. 7.

No livro *Grilhões partidos*, Manoel Philomeno de Miranda conta sobre o atendimento que o espírito doutor Bezerra de Menezes fez a uma senhora esquizofrênica internada numa casa de saúde:

> - Esta nossa irmã está catalogada como esquizofrênica irreversível, demorando-se na fase da hebefrenia de largo porte, em diagnose apropriada. Fixadas as matrizes da distonia mental, nas sedes perispirituais, o mecanismo cerebral correspondente à área da razão e da personalidade, apresenta sombras características que preexistem desde a vida anterior, quando supunha poder burlar as Leis, entregando-se aos desvarios e alucinações complexos. Em verdade, manteve-se inatacável no conceito do mundo, entretanto, não conseguiu fugir a si mesma, às lembranças da consciência em despertamento, lesando os centros correspondentes da lucidez e do equilíbrio, que produziram nas sedes sutis plasmadoras do "campo da forma" os desajustes que ora a lancinam.
>
> Fazendo significativa pausa, na qual aplicou passes cuidadosos, longitudinais, a iniciar-se do centro coronário, qual se o desatrelasse de forças densas, em baixo teor magnético, percebemos, a pouco e pouco, que o complexo núcleo se clarificava, irrigando com opalina tonalidade o centro cerebral, igualmente envolto em sombrias cargas fluídicas, onde imagens vigorosas e fixas nas telas da memória se diluíam, sem que, contudo, se desfizessem totalmente.
>
> A energia vitalizadora que era infundida na enferma passou a percorrer-lhe os vários centros de fixação físico-espiritual. E como recebendo ignota carga magnética, revigorante e anestésica simultaneamente, esta proporcionava à organização física melhor funcionamento com mais eficaz intercâmbio metabólico, de que se beneficiava o cérebro todo transformado, agora, em um corpo multicolorido, no qual miríades de grânulos infinitesimais ou fascículos luminosos se movimentavam, penetrando

> neurônios e os ligando, quais impulsos de eletricidade especial enviando ordens restauradoras e mantenedoras da harmonia vibratória indispensável ao tônus do reequilíbrio.[225]

Os passes mistos - aqueles com a participação dos espíritos e encarnados - são recursos eficientes de cura ou de conforto largamente utilizados nos centros espíritas, para os quais a fé e os pensamentos elevados dos aplicadores, assim como dos pacientes que os recebem, são de importância fundamental.

André Luiz diz sobre o passe:

> Pelo passe magnético, no entanto, notadamente naquele que se baseie no divino manancial da prece, a vontade fortalecida no bem pode soerguer a vontade enfraquecida de outrem para que essa vontade novamente ajustada à confiança magnetize naturalmente os milhões de agentes microscópicos a seu serviço, a fim de que o estado orgânico, nessa ou naquela contingência, se recomponha para o equilíbrio indispensável.[226]

São os pensamentos que carregam os fluidos curativos e os qualificados por sentimentos caridosos se derramam sobre o doente com força regenerativa. Allan Kardec, estudando a ação dos fluidos nos processos de cura, diz:

> Como se há visto, o fluido universal é o elemento primitivo do corpo carnal e do perispírito, os quais são simples transformações dele. Pela identidade da sua natureza, esse fluido, condensado no perispírito, pode fornecer princípios reparadores ao corpo; o espírito, encarnado ou desencarnado, é o agente propulsor que infiltra num corpo deteriorado uma parte da

225 *Grilhões partidos*, Manoel Philomeno de Miranda/DPF, LEAL, cap. 10.
226 *Evolução em dois mundos*, André Luiz/FCX, FEB, cap. 15, 2ª parte.

> substância do seu envoltório fluídico. A cura se opera mediante a substituição de uma molécula malsã por uma molécula sã. O poder curativo estará, pois, na razão direta da pureza da substância inoculada; mas, depende também da energia da vontade que, quanto maior for, tanto mais abundante emissão fluídica provocará e tanto maior força de penetração dará ao fluido. Depende ainda das intenções daquele que deseje realizar a cura, seja homem ou espírito. Os fluidos que emanam de uma fonte impura são quais substâncias medicamentosas alteradas.[227]

Mais complexos são os esforços para a cura moral, que é a grande proposta espírita, contribuir para que a criatura se renove mental e emocionalmente, caminhando para ser um espírito iluminado pela prática do bem. Por isso o ensino das verdades espirituais e do Evangelho, porque permitem à criatura repensar a sua conduta.

Na mesma obra *Grilhões partidos*, o autor anotou palavras do eminente doutor Bezerra de Menezes:

> Não desconhecemos que toda enfermidade procede do espírito endividado, sendo a terapêutica espiritista de relevante valia. Convém, porém, considerar, que antes de qualquer esforço externo se há que predispor o paciente à renovação íntima, intransferível, ao esclarecimento, à educação espiritual, a fim de que se conscientize das responsabilidades que lhe dizem respeito, dando início ao tratamento que melhor lhe convém, partindo de dentro para fora.[228]

Os livros e as mensagens espíritas repletam a mente com informações nobres, motivadoras de novos pensamentos, palavras e atitudes dignas. São verdadeiras bússolas indicando o norte

---

227 *A Gênese*, Allan Kardec, tradução Guillon Ribeiro, FEB, cap. 14, item 31.
228 *Grilhões partidos*, Manoel Philomeno de Miranda/DPF, LEAL, cap.10.

certo. Igualmente têm esse poder as palestras e os diálogos de instrução, espíritas ou de qualquer religião, pois são capazes de romper os clichês perniciosos e as fixações mentais.

Nesse sentido o ensinamento anotado por André Luiz:

> Comumente, desencarna-se a alma, sem que se lhe desagarrem os pensamentos, enovelados em situações, pessoas e coisas da Terra. A mente, por isso, continua encarcerada nos interesses quase sempre inferiores do mundo, cristalizada e enfermiça em paisagens inquietantes, criadas por ela mesma. Daí o valor do culto religioso respeitável, formando ambiente propício à ascensão espiritual, com indiscutíveis vantagens, não só para os espíritos encarnados que a ele assistem, com sinceridade e fervor, mas também para os desencarnados, que aspiram à própria transformação. Todos os santuários, em seus atos públicos, estão repletos de almas necessitadas que a eles comparecem, sem o veículo denso, sequiosas de reconforto. Os expositores da boa palavra podem ser comparados a técnicos eletricistas, desligando "tomadas mentais", através dos princípios libertadores que distribuem na esfera do pensamento.[229]

Dentre as terapêuticas das perturbações mentais, a regressão da memória é uma proposta recente que vem avançando com bons resultados, mas que carece de mais pesquisa e aprimoramento, devendo sempre ser empregada de maneira séria e cuidadosa. Foi acolhida com entusiasmo entre os psiquiatras e psicólogos espíritas, porquanto não raro a regressão ocorre a conteúdos de vidas passadas, perfeitamente admitidas pelo espiritismo. Não tem a ver, contudo, com a prática consoladora nos centros espíritas e deve ser totalmente evitada.

Com certeza, trata-se de técnica que está sendo transferida para os conhecimentos humanos, uma vez que é utilizada com

---

229 *Nos domínios da mediunidade*, André Luiz/FCX, FEB, cap. 4.

regularidade no plano espiritual, para o tratamento dos traumas e fixações mentais.

Joanna de Ângelis escreveu a respeito, de cujo texto respingo o seguinte:

> Nos processos de ecmésia ou recordações espontâneas de vidas passadas, ou mesmo mediante o concurso da hipnose, é possível reviver-se experiências esquecidas, mediante cujo concurso se pode explicar um sem-número de ocorrências atuais.
>
> Por outro lado, firmados nas infinitas possibilidades dos arquivos do inconsciente atual como do profundo, nobres psicanalistas encontraram nas ocorrências da vida perinatal a causalidade de muitos traumas, fobias, complexos de inferioridade e superioridade, narcisismo, perturbando a conduta dos seus pacientes. Através dos recursos hábeis para esse fim, vêm realizando incursões exitosas, graças às quais, liberam muitos sofredores dos seus tormentosos estados d'alma, limpando-os das marcas neles gravadas.[230]

Manoel Philomeno também comentou:

> A terapia de vidas passadas é conquista muito importante, recentemente lograda pelos nobres estudiosos das 'ciências da alma'. Como ocorre com qualquer terapêutica, tem os seus limites bem identificados, não sendo uma panaceia capaz de produzir milagres. Em grande número de casos, os seus resultados são excelentes, principalmente pela contribuição que oferece, na área das pesquisas sobre a reencarnação, entre os cientistas. Libera o paciente de muitos traumas e conflitos, propiciando a reconquista do equilíbrio psicológico, para a regularização dos erros pretéritos, sob outras condições.[231]

---

230 *Dias gloriosos*, Joanna de Ângelis/DPF, LEAL, cap.18.

231 *Loucura e obsessão*, Manoel Philomeno de Miranda/DPC, FEB, cap.7.

No livro *Entre a Terra e o Céu* aprendemos que a memória é um arquivo que pode ser acessado, por nós ou pelos espíritos, com fins terapêuticos, procedimento que no futuro poderá ser aproveitado com sucesso pela medicina. André Luiz registrou o ensinamento do ministro de *Nosso Lar,* Clarêncio, quando do atendimento ao espírito denominado Leonardo. Vejamos:

> – A mente, tanto quanto o corpo físico, pode e deve sofrer intervenções para reequilibrar-se. Mais tarde, a ciência humana evolverá em cirurgia psíquica, tanto quanto hoje vai avançando em técnica operatória, com vistas às necessidades do veículo de matéria carnal. No grande futuro, o médico terrestre desentranhará um labirinto mental, com a mesma facilidade com que atualmente extrai um apêndice condenado.[232]

No livro *Memórias de um suicida*, igualmente encontramos narrativa do autor sobre o procedimento de regressão a que ele e outros foram submetidos:

> Nos dias subsequentes, durante as mesmas reuniões fomos levados a examinar, com minúcias penosíssimas, os atos errôneos praticados no transcurso da existência que havíamos destruído, observando o emaranhado de prejuízos morais, mentais, educativos, sociais, materiais, que nos arrastaram ao detestável resultado a que chegáramos. Assistidos pelos mentores pacientes retroagimos com o pensamento até à infância e voltamos sobre os próprios passos, e, muitas vezes banhados em copioso pranto, e invariavelmente desapontados, confessamo-nos os próprios autores dos desenganos que nos abateram nos bulcões do suicídio. Como agíramos mal no desempenho das tarefas diárias que a sociedade impunha! Como nos portáramos

232 *Entre a Terra e o Céu*, André Luiz/FCX, FEB, cap. 13.

> selvagemente em todas as horas, não obstante o verniz de civilização de que nos jactávamos!...[233]

É também uma terapêutica muito usual nas reuniões mediúnicas, auxiliando no diálogo de esclarecimento de espíritos em monoideísmo ou em perseguições espirituais, porquanto servem à tomada de consciência quanto às causas remotas das dores atuais. Em alguns casos, a Espiritualidade se vale da tela ectoplásmica, na qual são projetadas as imagens mentais dos espíritos atendidos.

Assim narra André Luiz sobre um atendimento feito numa reunião mediúnica:

> O irmão Clementino fez breve sinal a um dos assessores de nosso plano, que apressadamente acorreu, trazendo interessante peça que me pareceu uma tela de gaze tenuíssima, com dispositivos especiais, medindo por inteiro um metro quadrado, aproximadamente.
>
> O mentor espiritual da reunião manobrou pequena chave num dos ângulos do aparelho e o tecido suave se cobriu de leve massa fluídica, branquicenta e vibrátil.
>
> Em seguida, postou-se novamente ao pé de Silva, que, controlado por ele, disse ao comunicante:
>
> - Lembre-se, meu amigo, lembre-se! Faça um apelo à memória! Veja à frente os quadros que se desenrolarão aos nossos olhos!...
>
> De imediato, como se tivesse a atenção compulsoriamente atraída para a tela, o visitante fixou-a e, desde esse momento, vimos com assombro que o retângulo sensibilizado exibia variadas cenas de que o próprio Libório era o principal protagonista. Recebendo-as mentalmente, Raul Silva passou a descrevê-las...[234]

---

233 *Memórias de um suicida*, Camilo Castelo Branco/Yvonne Pereira, FEB, 1ª. parte, cap. V.

234 *Nos domínios da mediunidade*, André Luiz/FCX, FEB, cap. 7.

Falei anteriormente sobre o mecanismo da obsessão, mas também é necessário reforçar que é um processo doentio, tanto para o obsidiado como para quem subjuga. Todos os envolvidos sofrem os efeitos perniciosos dessa conjugação mental e muitas vezes também física, afetando diretamente os pensamentos e a harmonia dos corpos.

Diversos são os meios e os recursos utilizados por encarnados e desencarnados para o desenlace da obsessão, mas, em essência, a cura tem a ver com a mudança dos pensamentos e, consequentemente, dos sentimentos e da conduta.

Em *Mecanismos da mediunidade*, diz André Luiz:

> [...] é justo encarecer, assim, a oportunidade e a excelência do amparo moral da doutrina espírita, como sendo o recurso mais sólido na assistência às vítimas do desequilíbrio espiritual de qualquer matiz, por oferecer-lhes, no estudo nobre e no serviço santificante, o clima indispensável de transmutação e harmonização, com que se recuperem, no domínio dos pensamentos mais íntimos, para assimilarem a influência benéfica dos agentes espirituais da necessária renovação.[235]

Joanna de Ângelis ensina:

> Por isso, ainda são o controle mental e a educação do pensamento, que podem representar a eficiente terapia de prevenção de distúrbios, como a curadora para os processos de ordem espiritual, desde que alterando a faixa vibratória por onde transitam as ideias, se superiores, eleva-se, ficando indene à sintonia com os seres atrasados...[236]

235 *Mecanismos da mediunidade*, André Luiz/FCX, FEB, cap. 24.
236 *Vida: desafios e soluções*, Joanna de Ângelis/DPF, LEAL, cap. Vida.

Na obra *Libertação*, Elói, companheiro de André Luiz, pergunta para o instrutor Gúbio sobre como uma senhora poderia se liberar de uma obsessão, recebendo os seguintes esclarecimentos:

> - Mantendo-se num padrão de firmeza superior, com suficiente disposição para o bem.
>
> Com esse esforço, nobre e contínuo, melhoraria intensivamente os seus princípios mentais, afeiçoando-os às fontes sublimes da vida e, ao invés de converter-se em material absorvente das irradiações enfermiças e depressivas, passaria a emitir raios transformadores e construtivos, em benefício de si mesma e das entidades que se lhe aproximam do caminho. Em todos os quadros do Universo, somos satélites uns dos outros. Os mais fortes arrastam os mais fracos, entendendo-se, porém, que o mais frágil de hoje pode ser a potência mais alta de amanhã, conforme nosso aproveitamento individual.
>
> Expedimos raios magnéticos e recebemo-los ao mesmo tempo. É imperioso reconhecer, todavia, que aqueles que se acham sob o controle de energias cegas, acomodando-se aos golpes e sugestões da força tirânica, emitidos pelas inteligências perversas que os assediam, demoram-se, longo tempo, na condição de aparelhos receptores da desordem psíquica. Muito difícil reajustar alguém que não deseja reajustar-se. A ignorância e a rebeldia são efetivamente a matriz de sufocantes males.[237]

Quanto ao espírito obsessor, a efetiva desistência da perseguição também depende da sua mudança mental, pela compreensão e o perdão. Para isso, deve ficar convencido de que cultivar o ódio e o desejo de vingança o mantém infeliz e retarda o seu processo evolutivo, com graves consequências.

---

237 *Libertação*, André Luiz/FCX, FEB, cap. 6.

As reuniões mediúnicas, nos centros espíritas bem organizados, são verdadeiros templos de esclarecimento e reconciliação, e nelas os dialogadores procuram despertar as mentes desses infelizes irmãos vingadores, com elucidações lógicas sobre as leis divinas, mas também tocando-lhes o coração com o acolhimento fraternal.

Manoel Philomeno de Miranda esclarece:

> O socorro ao desencarnado, mediante as orações, as vibrações de fraternidade e de interesse pela sua paz e renovação interior, serão captados de maneira eficiente, proporcionando lucidez mental e compreensão do erro em que se encontra, assim despertando para a própria felicidade como abandono do propósito maléfico de afligir e vingar-se.
>
> ...
>
> Por outro lado, as formosas atividades espíritas desobsessivas constituem o mais eficaz tratamento psicoterapêutico, tendo-se em vista os inestimáveis recursos da mediunidade com Jesus, ensejando ao enfermo desencarnado a saudável oportunidade de (re)morrer, despertar para a realidade em que se encontra, abrir-se ao amor através da lógica e do entendimento da realidade.[238]

Os atendimentos nas reuniões mediúnicas, quase sempre, são o corolário de todo um trabalho amoroso realizado pelos espíritos bons interessados no deslinde da obsessão, que em geral é realizado na própria Espiritualidade.

Obviamente, não fechei aqui todas as possibilidades, que são inumeráveis, mas me parece que as apresentadas são suficientes para sabermos da relevância do pensamento no processo de adoecimento e cura.

238 *Mediunidade: Desafio e bênçãos*, Manoel P. Miranda/DPF, LEAL, cap.17.

19. PENSAMENTO E LOCOMOÇÃO

O DESLOCAMENTO DOS ESPÍRITOS se faz de variadas maneiras, assim como acontece entre nós, embora as peculiaridades próprias do mundo espiritual.

Vão os espíritos aos lugares de seu interesse, mas os inferiores não têm acesso às regiões elevadas, porque seus corpos espirituais possuem maior peso específico, incompatível com a quintessência daqueles planos. Lá, como aqui entre nós, muitos estão retidos em ambientes específicos e não podem escapar ao magnetismo do local, para onde foram atraídos pelas suas culpas ou desejos vis.

Os superiores caminham ou volitam, conforme se faça conveniente, mas os espíritos grosseiros caminham ou se arrastam como acontece com os encarnados em seus corpos de carne. Há, também, o uso de veículos coletivos ou individuais.

Na essência do processo, em geral, estão a vontade e a força dos pensamentos.

Kardec tratou disso com os espíritos superiores, nas questões 89 e 90 de *O Livro dos Espíritos*:

> Os espíritos gastam algum tempo para percorrer o espaço?
> - Sim, mas fazem-no com a rapidez do pensamento.
>
> a) O pensamento não é a própria alma que se transporta?
> - Quando o pensamento está em alguma parte, a alma

> também aí está, pois que é a alma quem pensa. O pensamento é um atributo.
>
> O espírito que se transporta de um lugar a outro tem consciência da distância que percorre e dos espaços que atravessa, ou é subitamente transportado ao lugar onde quer ir?
>
> – Dá-se uma e outra coisa. O espírito pode perfeitamente, se o quiser, inteirar-se da distância que percorre, mas também essa distância pode desaparecer completamente, dependendo isso da sua vontade, bem como da sua natureza mais ou menos depurada.

Alguns espíritos inferiores, porém, desencarnados ou reencarnados em desprendimento, encaminham-se para determinados lugares ou ao encontro de outrem, mas o fazem muitas vezes sem saber como isso acontece e nem mesmo sabem explicar como de repente se encontram ali.

André Luiz nos explica como isso se processa:

> O pensamento contínuo, em fluxo insopitável, desloca-lhe a organização celular perispiritual, à maneira do córrego que em sua passagem desarticula da gleba em que desliza todo um rosário de seixos. E assim como os seixos soltos seguem a direção da corrente, lapidando-se no curso dos dias, o corpo espiritual acompanha, de início, o impulso da corrente mental que por ele extravasa, conscienciando-se muito vagarosamente no sono, que lhe propicia meia libertação.[239]

Por outras palavras, nesse caso, o transporte ocorre simplesmente pela força da corrente mental, determinada pela vontade intensa, e junto, automaticamente, segue o perispírito.

E, se aqui no corpo material nos arrastamos pesadamente, uma das agradáveis possibilidades do espírito é a volitação, ou

239 *Evolução em dois mundos*, André Luiz/FCX, FEB, cap. 17.

seja, a capacidade de se deslocar no espaço aos moldes de alguns heróis das revistas e dos cinemas.

No livro *Nosso Lar*, nosso irmão André Luiz narra sua primeira experiência volitando com a amiga Narcisa:

> Nesse dia, voltei a "*Nosso Lar*" em companhia de Narcisa e, pela primeira vez, experimentei a capacidade de volitação. Num momento, ganhávamos grandes distâncias. A bandeira da alegria desfraldara-se em meu íntimo.
>
> Comunicando à enfermeira generosa minha impressão de leveza, ouvi-a esclarecer:
>
> - Em "*Nosso Lar*", grande parte dos companheiros poderia dispensar o aeróbus e transportar-se, à vontade, nas áreas de nosso domínio vibratório; mas, visto a maioria não ter adquirido essa faculdade, todos se abstêm de exercê-la em nossas vias públicas. Essa abstenção, todavia, não impede que utilizemos o processo longe da cidade, quando é preciso ganhar distância e tempo.[240]

Em outra oportunidade, conta André sobre o bem-estar que sentiu volitando:

> Utilizávamos a volitação, prazerosos e felizes.
>
> Muito difícil descrever a sensação de leveza e alegria inerente a semelhante estado, após a permanência na escura região de que procedíamos. Fala-se, muitas vezes, entre os encarnados, na possibilidade da criação do aparelho de voo individual; todavia, ainda que se efetive a nova conquista, o peso do corpo físico, os cuidados exigidos pela máquina de propulsão e os riscos de viagem não podem, de modo algum, substituir a segurança e a tranquilidade que nos enchem de tamanho bem-estar.

---

240 *Nosso Lar*, André Luiz/FCX, FEB, cap. 50.

> Após a excursão normal, entre a Casa Transitória de Fabiano e a Crosta Terrestre, dentro de harmoniosas condições conservávamo-nos descansados e bem-dispostos, operando muito facilmente a volitação, não obstante a densidade atmosférica.[241]

A força para a volitação tem a ver com os poderes mentais, que permitem, inclusive, o transporte conjunto de espíritos dela incapazes ou que não estejam afeitos à manobra. É o que explica o nosso irmão André quando da condução de encarnados, em processo de desencarnação, a hospital da Espiritualidade:

> O assistente organizou a corrente magnética, tomando posição guiadora. Cada irmão encarnado localizava-se entre dois de nós outros, almas libertas do plano físico, mais experimentadas no campo espiritual. De mãos entrelaçadas, para permutar energias em assistência mútua, utilizamos intensivamente a volitação, ganhando alturas.[242]

Certa feita, André Luiz estranhou ver espíritos inferiores volitando, mas foi esclarecido pelo instrutor Calderaro:

> - Não te surpreendas. A volitação depende, fundamentalmente, da força mental armazenada pela inteligência; importa, contudo, considerar que os voos altíssimos da alma só se fazem possíveis quando à intelectualidade elevada se alia o amor sublime. Há espíritos perversos com vigorosa capacidade volitiva, apesar de circunscritos a baixas incursões. São donos de imenso poder de raciocínio e manejam certas forças da Natureza, mas sem característicos de sublimação no sentimento, o que lhes impede grandes ascensões. No que se refere,

241 *Obreiros da vida eterna*, André Luiz/FCX, FEB, cap. 11.
242 Idem, cap. 12.

entretanto, às entidades admitidas à nossa colônia espiritual, ainda em grande número incapacitadas de usar tal vantagem, o fenômeno é natural. [...] Neste capítulo da volitação, portanto, impende observar os ascendentes naturais, levando em conta, com a própria Natureza, que os corvos voam baixo, procurando detritos, enquanto as andorinhas se libram alto, buscando a primavera.[243]

243 *No mundo maior*, André Luiz/FCX, FEB, cap. 17.

SEGUNDA PARTE

20. CONSEQUÊNCIAS FILOSÓFICAS E MORAIS

NA PRIMEIRA PARTE TRATEI de temas relacionados com a mecânica do pensamento e agora seguirei destacando as suas consequências filosóficas e morais.

Mais importante do que saber como o pensamento funciona é utilizá-lo para a nossa elevação espiritual e para o bem do próximo. Espíritos inteligentes conseguem aprender os mecanismos da mente, como vimos no capítulo da obsessão, mas apenas os moralmente amadurecidos são capazes de produzir ondas mentais amorosas e canalizá-las para a coletividade, sendo instrumentos da divindade.

Nossas palavras e atitudes são a concretização das nossas ideias e dos nossos pensamentos, por isso, nosso escopo espiritual deve ser o de atingir a condição de apenas termos ideias e pensamentos sublimados.

Os animais e os humanos primitivos são incapazes de refletir sobre o que pensam e o que fazem, sobre suas consequências, por lhes faltar a consciência desperta. Vivem praticamente sob o império do instinto de conservação, no qual encontramos as raízes do egoísmo e do orgulho, imperfeições que nos fazem infelizes.

Ainda na infância espiritual, seus pensamentos fragmentários ou de fraco fluxo contínuo estão voltados para a sobrevivência e a convivência entre os seus. Mesmo quando desencarnados, os espíritos primitivos raramente conseguem perceber a realidade espiritual e seus pensamentos permanecem enrodilhados com os dos afetos. É como ensina André Luiz:

> E o homem primitivo que desencarnou, suspirando pelo devotamento dos pais e, notadamente, pelo carinho do colo materno, expulso do vaso fisiológico, não tem outro pensamento senão voltar ao convívio revitalizante daqueles que lhe usam a linguagem e lhe comungam os interesses.
>
> Ressurgir na própria taba e renascer na carne, cujas exalações lhe magnetizam a alma, constituem aspiração incessante do selvagem desencarnado. Estabelece-se nele o monoideísmo pelo qual os outros desejos se lhe esmaecem no íntimo.[244]

Embora já sejamos cidadãos do mundo etéreo, nossa trajetória evolutiva se faz do instinto para a intuição, da vida material para a vida espiritual plena, da sombra para a luz, do egoísmo para o amor. Pensando e vivendo como seres humanos, só depois de muito esforço e longo tempo, contado em milhares de anos, começamos a nos assenhorear dos valores do mundo espiritual, adquirindo maior compreensão e lucidez. A vida espírita (ou do espírito) é ainda um continente para ser desvendado, no qual devemos aprender a viver.

Só agora, com a doutrina espírita, a Humanidade vem recebendo um pouco mais de notícias dessa outra esfera de vida – e tão apenas da vida mais próxima –, de modo a despertar as criaturas para a sua real destinação após a morte do corpo. Informando-nos de que prosseguimos como espíritos imortais que somos e de que a nossa conduta tem consequências também além-túmulo, querem os mentores do planeta que desde aqui façamos

---

244 *Evolução em dois mundos*, André Luiz/FCX, FEB, cap.12.

só o bem, contribuindo para a nossa felicidade e uma sociedade terrena mais pacífica e promissora.

Os temas que abordarei a seguir permitem estudos sob variados aspectos, com maior aprofundamento, mas o enfoque será apenas dentro da proposta do livro, que é o pensamento.

21. PENSAMENTO E EVOLUÇÃO

SOMOS OS SERES INTELIGENTES da Criação, mas pensar com sabedoria e viver amorosamente é um processo que só se concretiza após inumeráveis milhões de anos, em reiteradas experiências na matéria ou na Espiritualidade.

Nos reinos inferiores e no início da humanização, o avanço do espírito acontece por força do instinto, esse *software* criado por Deus para nos guiar enquanto desenvolvemos a nossa inteligência, assim como fazem os pais em relação às crianças. Dessa maneira, quando mais evolvidos, a razão e a vontade passam a preponderar e a determinar as nossas condutas.

"O instinto é guia seguro, sempre bom. Pode, ao cabo de certo tempo, tornar-se inútil, porém nunca prejudicial. Enfraquece-se pela predominância da inteligência." - afirmou Allan Kardec.[245]

E o espírito Lázaro, em mensagem sobre o amor recolhida pelo Codificador, disse:

> Em sua origem, o homem só tem instintos; quando mais avançado e corrompido, só tem sensações; quando instruído e depurado, tem sentimentos. E o ponto delicado do sentimento é o amor, não o amor no sentido vulgar do termo, mas esse sol interior que condensa e reúne em seu ardente foco todas as aspirações e todas as revelações sobre-humanas.[246]

---

245 *A Gênese*, Allan Kardec, tradução Guillon Ribeiro, FEB, cap. 3.

246 *O Evangelho segundo o Espiritismo*, Allan Kardec, tradução Guillon Ribeiro, FEB, cap.11.

Vejamos, pois, que o propósito da evolução é conduzir o espírito ao amor pleno, que em si resume todas as virtudes que devemos conquistar.

No entanto, antes devemos aprimorar a nossa inteligência, adquirindo cada vez mais conhecimentos e habilidades. Allan Kardec questionou os mentores do espiritismo a respeito e apresento o resumo das respostas:

> O progresso moral decorre do progresso intelectual, mas nem sempre o segue imediatamente.
>
> O progresso intelectual pode engendrar o progresso moral porque faz compreensíveis o bem e o mal, de modo que, então, o homem pode escolher. O desenvolvimento do livre-arbítrio acompanha o da inteligência e aumenta a responsabilidade dos atos.
>
> O progresso moral e a inteligência são duas forças que só com o tempo chegam a equilibrar-se.[247]

Prossigo ainda com Kardec, para que possamos entender o que é a moral e como conquistá-la:

> A moral é a regra de bem proceder, isto é, de distinguir o bem do mal. Funda-se na observância da lei de Deus. O homem procede bem quando tudo faz pelo bem de todos, porque então cumpre a lei de Deus.
>
> Fazer o bem é proceder de acordo com a lei de Deus. Fazer o mal é infringi-la.
>
> O homem tem os meios de distinguir por si mesmo o que é bem do que é mal, quando crê em Deus e o quer saber. Deus lhe deu a inteligência para distinguir um do outro.[248]

---

247 *O Livro dos Espíritos*, Allan Kardec, tradução Guillon Ribeiro, FEB, pergunta 780.

248 Idem, perguntas 629/631.

Então, parece bem claro que os nossos esforços devem estar voltados para o aprimoramento da inteligência, embora seja melhor que a utilizemos desde logo para a prática do bem.

No entanto, em geral, durante largo tempo, nossos pensamentos permanecem viciados pelas paixões e nos inclinamos à satisfação exclusiva dos prazeres, ao atendimento das nossas sensações carnais. É algo absolutamente natural, porque no começo o espírito, com a inteligência pouco desenvolvida, vive mais sob o instinto e ignora as leis divinas. O mal começa quando a consciência já desperta, com a inteligência mais desenvolvida, opta por exceder-se no atendimento dos desejos que descobriu prazerosos. Por medo de não ter ou de perder, entrega-se com volúpia à satisfação.

A paixão, em si mesma, não é um mal. Diz Kardec: "Todas as paixões têm, portanto, uma utilidade providencial, pois, se assim não fosse, Deus teria feito coisas inúteis e até nocivas. No abuso é que reside o mal e o homem abusa em virtude do seu livre-arbítrio. Mais tarde, esclarecido pelo seu próprio interesse, livremente escolhe entre o bem e o mal".[249]

Em *O Livro dos Espíritos*, comenta o Codificador:

> As paixões são alavancas que decuplicam as forças do homem e o auxiliam na execução dos desígnios da Providência. Mas, se, em vez de as dirigir, deixa que elas o dirijam, cai o homem nos excessos e a própria força que, manejada pelas suas mãos, poderia produzir o bem, contra ele se volta e o esmaga.
>
> Todas as paixões têm seu princípio num sentimento, ou numa necessidade natural. O princípio das paixões não é, assim, um mal, pois que assenta numa das condições providenciais da nossa existência. A paixão propriamente dita é a exageração de uma necessidade ou de um sentimento. Está no excesso e não

249 *A Gênese*, Allan Kardec, tradução Guillon Ribeiro, FEB, cap. 3.

> na causa e este excesso se torna um mal, quando tem como consequência um mal qualquer.[250]

No conhecimento das leis divinas e naturais, e até mesmo das leis da sociedade, está a chave para o aprimoramento do espírito. Quanto mais inteligência, mais fazemos o bem e mais nos aproximamos de Deus. Allan Kardec tratou das Leis Morais na terceira parte de *O Livro dos Espíritos* e quem quiser se aprimorar procure estudá-las e colocá-las em prática.

Nossas ideias e os nossos pensamentos devem gravitar em torno do bem que podemos fazer ao próximo e a nós mesmos, porque nisso consiste o resumo da lei divina.

O nobre Emmanuel ensina:

> Já se disse que duas asas conduzirão o espírito humano à presença de Deus.
>
> Uma chama-se Amor, a outra, Sabedoria.
>
> Pelo amor, que, acima de tudo, é serviço aos semelhantes, a criatura se ilumina e aformoseia por dentro, emitindo, em favor dos outros, o reflexo de suas próprias virtudes; e, pela sabedoria, que começa na aquisição do conhecimento, recolhe a influência dos vanguardeiros do progresso, que lhe comunicam os reflexos da própria grandeza, impelindo-a para o Alto.[251]

A evolução do espírito é um processo que avança sempre adiante, porque todas as experiências e conhecimentos adquiridos não se perdem jamais, registrados que estão indelevelmente nos arquivos da mente.

Disseram os espíritos a Kardec que os espíritos não podem degenerar. "Concluindo uma prova, o espírito fica com a ciência

---

250 *O Livro dos Espíritos*, tradução Guillon Ribeiro, FEB, perg. 908.
251 *Pensamento e vida*, Emmanuel/FCX, FEB, cap. 4.

que daí lhe veio e não a esquece. Pode permanecer estacionário, mas não retrograda".[252]

Permanecer estacionário significa estar afastado da lei e atrair para si sofrimento, porque não fazer o bem já é fazer o mal, já que a nossa omissão diante do cumprimento da lei divina gera sofrimento ou mantém alguém na dor. A lei de Deus é a lei do bem, que se manifesta exatamente pelo fazer algo que proporcione alegria e bem-estar ao próximo. Por outras palavras, é praticar a caridade.

Impulsionado pela necessidade e pelo desejo de satisfazer os seus prazeres, o espírito trabalha e o trabalho de pensar para resolver e administrar desenvolve sua inteligência, no princípio lentamente, depois mais rápido, porque quanto mais experiências e conhecimentos mais recursos tem para avançar a outras situações mais complexas.

Disseram os espíritos da Codificação que o trabalho para o homem é

> [...] uma consequência da sua natureza corpórea. É expiação e, ao mesmo tempo, meio de aperfeiçoamento da sua inteligência. Sem o trabalho, o homem permaneceria sempre na infância, quanto à inteligência. Por isso é que seu alimento, sua segurança e seu bem-estar dependem do seu trabalho e da sua atividade. Ao extremamente fraco de corpo outorgou Deus a inteligência, em compensação. Mas é sempre um trabalho.[253]

O trabalho a que se referem os espíritos é toda atividade que produza para o bem da criatura ou da sociedade, mas especialmente o trabalho de elevação moral, de modo a se tornar uma pessoa de bem.

Disse Kardec:

---

252 *O Livro dos Espíritos*, tradução Guillon Ribeiro, FEB, perg. 118.

253 Idem, pergunta 676.

> O homem deseja ser feliz e natural é o sentimento que dá origem a esse desejo. Por isso é que trabalha incessantemente para melhorar a sua posição na Terra, que pesquisa as causas de seus males, para remediá-los.
>
> ...
>
> O egoísmo é a fonte de todos os vícios, como a caridade o é de todas as virtudes. Destruir um e desenvolver a outra, tal deve ser o alvo de todos os esforços do homem, se quiser assegurar a sua felicidade neste mundo, tanto quanto no futuro.[254]

Em *O Livro dos Espíritos* aprendemos que todas as leis da Natureza são leis divinas; e que o sábio estuda as leis da matéria, enquanto o homem de bem estuda e pratica as da alma, mas não é possível se aprofundar o conhecimento sobre elas em apenas uma existência, por mais longa que seja.[255]

Com efeito, já vimos também que o progresso do espírito se dá em sucessivos e inumeráveis mergulhos na matéria, e esse foi o meio estabelecido por Deus para a evolução do princípio inteligente, até alcançar a condição de espírito puro. Os espíritos puros estão no topo da classificação oferecida por Allan Kardec, sobre os quais diz que eles percorreram todos os graus da escala e se despojaram de todas as impurezas da matéria; tendo alcançado a soma de perfeições de que é suscetível a criatura, não têm mais que sofrer provas, nem expiações. Não estando mais sujeitos à reencarnação em corpos perecíveis, realizam a vida eterna no seio de Deus; são os mensageiros e os ministros de Deus, cujas ordens executam para manutenção da harmonia universal.[256]

Joanna de Ângelis comentou a respeito:

---

254 Idem, pergunta 917.
255 Idem, pergunta 617.
256 Idem, item 113

> Se remontarmos ao *primatas homini*, no qual lampejam as primeiras expressões do pensamento primitivo, como ocorre nos animais inferiores da escala zoológica, mediante os condicionamentos - Pavlov -, podemos afirmar que o desenvolvimento da habilidade de pensar, procede do ser, do espírito, através das suas reencarnações.
>
> Em cada etapa desse inextricável programa de evolução, o espírito experiencia hábitos e coleta dados que amplia durante o estágio de erraticidade, imprimindo no cérebro, quando por ocasião de novas incursões no corpo somático.
>
> Quanto mais evoluído, tanto melhor e mais ampla será a sua capacidade de pensar, atravessando as fases diferentes do período arcaico, no qual ainda predominam os instintos para avançar no descobrimento de si mesmo.
>
> ...
>
> O hábito de pensar com amplitude e de agir com abnegação favorece o desenvolvimento espiritual, rompendo os atavismos com as heranças primárias que teimam em permanecer na natureza animal do ser em prejuízo daquela de origem espiritual.
>
> Cada criatura, por isso mesmo, é o que pensa, encarcerando--se em estruturas mentais sombrias ou libertando-se dos grilhões no rumo das claridades infinitas do Cosmo.[257]

E o Codificador quis saber da Espiritualidade se é possível a nós, pelos nossos esforços, vencer as nossas más inclinações, esse nosso lado sombrio que ainda insiste em ofuscar a luz divina de que o Pai dotou a todos. E a resposta foi: "Sim, e, frequentemente, fazendo esforços muito insignificantes. O que lhe falta é a vontade. Ah! quão poucos dentre vós fazem esforços!"[258]

---

257 *Iluminação interior*, Joanna de Ângelis/DPF, LEAL, cap.21.

258 *O Livro dos Espíritos*, tradução Guillon Ribeiro, FEB, perg. 909.

22. PENSAMENTO E VONTADE

NÃO SE TRATA DE vontade como simples sinônimo de desejo, de querer.

Vontade aqui é a potência da alma responsável pelo destino do espírito, a se evidenciar pela natureza dos seus pensamentos e consequentes condutas.

Emmanuel nos apresenta importantes ensinamentos a respeito. Propõe ele que a mente seja comparada a um grande escritório com diversos departamentos de serviço (desejo, inteligência, imaginação, memória etc.). Acima de todos, a vontade é a gerência esclarecida e vigilante, governando todos os setores da ação mental. É ela que tem o controle da energia mental, dirigindo-a num determinado rumo e estabelecendo as causas que comandam o nosso destino.[259]

O grande filósofo espírita Léon Denis escreveu sobre o assunto e dele colho o que nos interessa:

> Por que meio poremos em movimento as potências internas e as orientaremos para um ideal elevado? Pela vontade! Os usos persistentes, tenazes, dessa faculdade soberana permitir-nos-á modificar a nossa natureza, vencer todos os obstáculos, dominar a matéria, a doença e a morte.
>
> É pela vontade que dirigimos nossos pensamentos para um alvo determinado. Na maior parte dos homens os pensamentos flutuam sem cessar. Sua mobilidade constante e sua variedade

259 *Pensamento e vida,* Emmanuel/FCX, FEB, cap. 2.

> infinita oferecem limitado acesso às influências superiores. É preciso saber se concentrar, colocar o pensamento acorde com o pensamento divino.
>
> ...
>
> A vontade é a maior de todas as potências; é, em sua ação, comparável ao ímã. A vontade de viver, de desenvolver em nós a vida, atrai-nos novos recursos vitais; tal é o segredo da lei de evolução. A vontade pode atuar com intensidade sobre o corpo fluídico, ativar-lhe as vibrações e, dessa forma, apropriá-lo a um modo cada vez mais elevado de sensações, prepará-lo para mais alto grau de existência.
>
> O princípio de evolução não está na matéria, está na vontade, cuja ação tanto se estende à ordem invisível das coisas como à ordem visível e material. Esta é simplesmente a consequência daquela. O princípio superior, o motor da existência, é a vontade. A vontade divina é o supremo motor da vida universal.[260]

As figuras de linguagem dos nossos irmãos são bastante sugestivas à nossa compreensão. Gerência... motor... Indicam que a vontade é um atributo fundamental do espírito, da mente, impulsionando a vida num ou noutro rumo.

A nossa felicidade depende exatamente de fortalecermos a nossa vontade na direção do bem, mediante pensamentos nobres e disciplinados e ações dignas. Diante de uma ocorrência, o espírito experimenta uma emoção e sobre esta cria uma ideia ativa ou passiva, que a vontade realiza impulsionando os pensamentos, que determinarão uma conduta correspondente.

A vontade é uma potência que deve ser desenvolvida, como ocorre com todos os atributos que nos foram outorgados pelo Criador. Para esse fim, podemos identificar a sua força pelos

260 *O problema do ser, do destino e da dor*, Léon Denis, FEB, cap. 20.

pensamentos positivos ou negativos que expressamos diariamente. Uma vontade forte diz: eu posso, eu quero, eu faço, eu vou. O espírito de vontade frágil pensa: sou incapaz, não vou conseguir, não tenho forças.

Sem motivação emocional, sem interesse relevante, esse motor da alma que é a vontade produz pensamentos de baixa frequência, insuficientes à realização, permanecendo a criatura na indiferença e na acomodação. Quando a pessoa diz que não tem vontade, na verdade manifesta uma vontade "passiva", contrária a uma proposta de mudança, afirmativa para o "eu quero ficar como estou"; ou "não desejo isso, não me interessa".

Emoções e sentimentos aflitivos ou degradantes, de ódio e revolta, porém, são capazes de potencializar a vontade no rumo da loucura, engendrando pensamentos perturbados e perturbadores.

Diz Emmanuel que, nessas condições

> [...] o Desejo pode comprar ao engano aflitivos séculos de reparação e sofrimento, a Inteligência pode aprisionar-se na enxovia da criminalidade, a Imaginação pode gerar perigosos monstros na sombra, e a Memória, não obstante fiel à sua função de registradora, conforme a destinação que a Natureza lhe assinala, pode cair em deplorável relaxamento.[261]

A vontade é determinante para que possamos crescer em amor e sabedoria, direcionando nossos pensamentos em harmonia com as leis divinas.

Ensina Joanna de Ângelis:

> A vontade deve e pode ser trabalhada através de exercícios mentais, da geração de interesse e de motivação para

261 *Pensamento e vida,* Emmanuel/FCX, FEB, cap. 2.

> conseguir-se a autorrealização, a conquista de recursos de vária natureza, especialmente na transformação dos instintos em sentimentos, dos hábitos doentios em saúde, da conquista da beleza, dos ideais de engrandecimento humano.
>
> ...
>
> Quanto maior o desenvolvimento intelecto-moral do indivíduo, e mais ampla será a sua capacidade de lutar e vencer, ampliando-se-lhe a área da vontade que se lhe exterioriza, auxiliando-o na conquista de patamares mais elevados, que sempre o estimulam a novos cometimentos.[262]

Por esses mecanismos, podemos ter consciência da qualidade dos nossos pensamentos e discipliná-los, assim treinando também a nossa vontade.

262 *Triunfo pessoal*, Joanna de Ângelis/DPF, LEAL, cap. 2.

23. PENSAMENTO E ESFORÇO

PARA VENCERMOS AS NOSSAS más inclinações e nos aproximarmos de Deus não basta a vontade, é indispensável também o esforço na realização.

Tendo os mentores da codificação afirmado que as mudanças necessárias podem, geralmente, ser alcançadas com um mínimo esforço, querem dizer que Deus nos pede algo conforme as nossas possibilidades, pois do contrário a queda seria certa. E Jesus também disse "meu fardo é leve e meu jugo é suave" (Mateus, 11:30).

Isso significa que, realizando pouco esforço a cada dia, as mudanças para melhor acontecerão naturalmente, às vezes até de forma imperceptível. Um pouco de bem sempre, ao longo do tempo converter-se-á em substancial resultado positivo. Necessário, porém, perseverar com paciência, para que a colheita se dê no momento certo, como as plantas crescem pouco a pouco para chegar aos frutos.

Por óbvio, as dificuldades serão maiores se tivermos permitido que pensamentos infelizes ocupassem a nossa vida, que hábitos e vícios degradantes se estabelecessem, da mesma maneira que um lavrador trabalhará dobrado se deixar que a praga se misture à boa planta cultivada em terra fértil. Ainda assim, os esforços sucessivos serão capazes de reverter a situação e promover as melhorias que desejamos.

Joanna de Ângelis ensina:

> Passando por várias fases, a vontade tem que ser orientada, especialmente quando se estabelecem metas a conquistar, que resultam do interesse em torno daquilo que se deseja conseguir.
>
> ...
>
> Considere-se como elementos essenciais para o desenvolvimento do ato volitivo, alguns fatores essenciais, tais como o desejo real de querer, a persistência na execução do programa que seja estabelecido e o objetivo a alcançar.
>
> ...
>
> Estabelecida a significação do que se deseja, o *esforço* de perseverar torna-se o inevitável próximo passo, porquanto, não serão nos primeiros tentames que se conseguirão os resultados almejados. Provavelmente se repetirão acertos e erros, que em nada alteram o exercício que se fixara como fenômeno de automatização até repetir-se sem qualquer esforço.[263]

O progresso do espírito, portanto, vai depender exatamente dos esforços que fizer nesse sentido, porque a cada um será dado sempre segundo as suas obras. Sem esforço, sem luta, sem trabalho não há crescimento e nem iluminação espiritual.

Esforço é sinônimo de trabalho, que é da lei natural. Todos temos o dever espiritual de trabalhar em nosso favor e da sociedade. Se no planeta os indolentes, os gozadores e os preguiçosos podem seguir sem sanção, perante Deus são compelidos, ainda que tarde, a sofrer as consequências naturais da inatividade, porque, a exemplo de um motor que se torna imprestável quando não usado, a mente igualmente se desarmoniza quando não envolvida em atividades nobres, dando origem a pensamentos desequilibrados e consequentes patologias nos corpos espiritual e físico.

---

263 *O despertar do espírito*, Joanna de Ângelis/DPF, LEAL, cap. 4.

Diz Emmanuel:

> Hoje, porém, sabemos que a lei do trabalho é roteiro da justa emancipação. Sem ela, o mundo mental dorme estanque. Fugir-lhe aos impositivos é situar-se à margem do caminho, onde o carro da evolução marcha inflexível, deixando à retaguarda quantos se amolgam à ilusão da preguiça.
>
> ...
>
> As tarefas remuneradas conquistam o agradecimento de quem lhes recebe o concurso, mas permanecem adstritas ao mundo, nas linhas da troca vulgar.
>
> A prestação de concurso espontâneo, sem qualquer base de recompensa, desdobra a influência da Bondade Celestial que a todos nos ampara sem pagamento.
>
> À maneira que se nos alonga a ascensão, entendemos com mais clareza a necessidade de trabalhar por amor de servir.[264]

O materialismo e a incredulidade quanto à vida espiritual contribuem para o desânimo e a ociosidade, porquanto a criatura não encontra estímulo para se esforçar e desiste de tentar mudar a situação adversa.

Os ensinamentos espíritas combatem esse modo de pensar, demonstrando que somos imortais e que somente nos esforçando e trabalhando poderemos nos livrar do sofrimento, na direção de tempos melhores e mais felizes.

Comentando sobre as aflições, escreveu Kardec:

> O homem pode suavizar ou aumentar o amargor de suas provas, conforme o modo por que encare a vida terrena. Tanto mais sofre ele, quanto mais longa se lhe afigura a duração do sofrimento. Ora, aquele que a encara pelo prisma da vida

264 *Pensamento e vida*, Emmanuel/FCX, FEB, cap.7.

> espiritual apanha, num golpe de vista, a vida corpórea. Ele a vê como um ponto no infinito, compreende-lhe a curteza e reconhece que esse penoso momento terá presto passado. A certeza de um próximo futuro mais ditoso o sustenta e anima e, longe de se queixar, agradece ao Céu as dores que o fazem avançar.
>
> Contrariamente, para aquele que apenas vê a vida corpórea, interminável lhe parece esta, e a dor o oprime com todo o seu peso. Daquela maneira de considerar a vida, resulta ser diminuída a importância das coisas deste mundo, e sentir-se compelido o homem a moderar seus desejos, a contentar-se com a sua posição, sem invejar a dos outros, a receber atenuada a impressão dos reveses e das decepções que experimente.[265]

O esforço deve ser para se alcançar bem-estar terreno, mas especialmente para se conquistar as virtudes, porque são estas que permanecerão conosco para sempre. No entanto, a ignorância e o orgulho consideram dispensável mudar, no primeiro caso por falta de visão, no segundo, porque o orgulhoso sempre se acha o certo, o melhor, e que quem deve mudar são os outros.

O espírito Hahnemann, comentando sobre mansuetude e violência, escreveu:

> Segundo a ideia falsíssima de que lhe não é possível reformar a sua própria natureza, o homem se julga dispensado de empregar esforços para se corrigir dos defeitos em que de boa vontade se compraz, ou que exigiriam muita perseverança para serem extirpados. É assim, por exemplo, que o indivíduo, propenso a encolerizar-se, quase sempre se desculpa com o seu temperamento. Em vez de se confessar culpado, lança a culpa

265 *O Evangelho segundo o Espiritismo*, Allan Kardec, tradução Guillon Ribeiro, FEB, cap. 5.

> ao seu organismo, acusando a Deus, dessa forma, de suas próprias faltas. É ainda uma consequência do orgulho que se encontra de permeio a todas as suas imperfeições.[266]

Para quem conhece o Evangelho e a doutrina espírita não há desculpa para a acomodação, pois sabemos que é nosso dever empreender esforços para progredirmos sempre, já que para isso fomos criados por Deus.

Foi por essa razão que o Codificador asseverou: "Reconhece-se o verdadeiro espírita pela sua transformação moral e pelos esforços que emprega para domar suas inclinações más".[267]

Aquele no qual nasce a firme vontade de mudar, de renovar-se e crescer encontrará obstáculos internos e externos que deverão ser vencidos pelo esforço, coragem, paciência e perseverança.

A grande dificuldade começa no fato de que, mantendo pensamentos direcionados para determinados fins e agindo reiteradamente conforme pensamos, criamos hábitos que condicionam a nossa vida e que passamos a repetir naturalmente, porque então o que fazemos se mostra fácil, nos conforta e dá prazer. Criado o hábito ou a rotina prazerosa, qualquer tentativa de alteração encontrará resistência mental e mesmo corporal, porque toda mudança gera consumo de forças e é encarada com desconfiança e insegurança. Só um pensamento firme e determinado será capaz de vencer a inércia e gerar os esforços necessários à renovação.

Igualmente trabalhoso será resistir às reprovações do meio social, porque o grupo ou a coletividade discordará da nossa nova maneira de pensar e agir, isolando-nos ou atacando-nos, segundo as suas próprias dificuldades de respeitar o próximo.

Bem por isso, a queda e o desânimo são muito comuns quando

---

266 Idem, cap. 9.

267 Idem, cap. 17.

se quer mudar. Só mesmo quando se tem uma firme decisão é possível se renovar. É a tomada de consciência, o acordar para uma nova realidade, que fortalecerá a criatura na vitória sobre os obstáculos.

Léon Denis ensina:

> É a lei do esforço, lei suprema, pela qual o ser se afirma, triunfa e desenvolve-se; é a magnífica epopeia da História, a luta exterior que enche o mundo. A luta interior não é menos comovente. De cada vez que renasce, terá o espírito de ajeitar, de apropriar o novo invólucro material que lhe vai servir de morada e fazer dele um instrumento capaz de traduzir, de exprimir as concepções do seu gênio. Demasiadas vezes, porém, o instrumento resiste e o pensamento, desanimado, retrai-se, impotente para adelgaçar, para levantar o pesado fardo que o sufoca e aniquila. Entretanto, pelo esforço acumulado, pela persistência dos pensamentos e dos desejos, apesar das decepções, das derrotas, através das existências renovadas, a alma consegue desenvolver as suas altas faculdades.[268]

Encerramos este capítulo com Denis aconselhando sobre o que se faz necessário às mudanças, bem conforme aquilo que os espíritos superiores recomendaram a Kardec:

> Não há progresso possível sem observação atenta de nós mesmos. É necessário vigiar todos os nossos atos impulsivos para chegarmos a saber em que sentido devemos dirigir nossos esforços para nos aperfeiçoarmos. Primeiramente, regular a vida física, reduzir as exigências materiais ao necessário, a fim de garantir a saúde do corpo, instrumento indispensável para o desempenho de nosso papel terrestre; em seguida, disciplinar

268 *O problema do ser, do destino e da dor*, Léon Denis, FEB, cap. 9, 1ª. parte.

as impressões, as emoções, exercitando-nos em dominá-las, em utilizá-las como agentes de nosso aperfeiçoamento moral; aprender principalmente a esquecer, a fazer o sacrifício do "eu", a desprender-nos de todo o sentimento de egoísmo. A verdadeira felicidade neste mundo está na proporção do esquecimento próprio.

Não basta crer e saber, é necessário viver nossa crença, isto é, fazer penetrar na prática diária da vida os princípios superiores que adotamos; é necessário habituarmo-nos a comungar pelo pensamento e pelo coração com os espíritos eminentes que foram os reveladores, com todas as almas de escol que serviram de guias à humanidade, viver com eles numa intimidade cotidiana, inspirarmo-nos em suas vistas e sentir sua influência pela percepção íntima que nossas relações com o mundo invisível desenvolvem.[269]

269 Idem, cap. 24.

24. PENSAMENTO E LIVRE-ARBÍTRIO

A LIBERDADE DE PENSAR, fazer escolhas, decidir e de agir é uma faculdade que Deus concedeu aos seres inteligentes, para que fossem os responsáveis pelos seus enganos e tivessem o mérito do próprio progresso e felicidade. Do contrário, seriam máquinas e, portanto, irresponsáveis, o que se mostra incompatível com um Deus bom e perfeito.

O livre-arbítrio, porém, é relativo ao grau de consciência da criatura, à sua capacidade de discernir o bem do mal e de agir pelo seu progresso e da coletividade.

Disseram os espíritos a Kardec:

> Deus criou iguais todos os espíritos, mas cada um destes vive há mais ou menos tempo, e, conseguintemente, tem feito maior ou menor soma de aquisições. A diferença entre eles está na diversidade dos graus da experiência alcançada e da vontade com que obram, vontade que é o livre-arbítrio.[270]

Mesmo os animais não são totalmente escravos do instinto. Já possuem uma liberdade, embora limitada, como ensina *O Livro dos Espíritos*:

270 *O Livro dos Espíritos*, Allan Kardec, tradução Guillon Ribeiro, FEB, questão 804.

> Os animais não são simples máquinas, como supondes. Contudo, a liberdade de ação, de que desfrutam, é limitada pelas suas necessidades e não se pode comparar à do homem. Sendo muitíssimo inferiores a este, não têm os mesmos deveres que ele. A liberdade, possuem-na restrita aos atos da vida material.[271]

Nas faixas humanas, o processo segue o mesmo raciocínio, uma vez que o progresso não dá saltos, transitando muito lentamente desde os espíritos primitivos até os espíritos puros. Assim, os selvagens primitivos têm menos responsabilidade pelos seus atos do que os civilizados, que ampliaram sua liberdade na medida do maior desenvolvimento da inteligência e dos sentimentos.

Comenta Kardec:

> As circunstâncias dão relativa gravidade ao bem e ao mal. Muitas vezes, comete o homem faltas, que, nem por serem consequência da posição em que a sociedade o colocou, se tornam menos repreensíveis. Mas, a sua responsabilidade é proporcional aos meios de que ele dispõe para compreender o bem e o mal. Assim, mais culpado é, aos olhos de Deus, o homem instruído que pratica uma simples injustiça, do que o selvagem ignorante que se entrega aos seus instintos.[272]

É no pensamento que o espírito tem liberdade ilimitada,[273] porque a onda mental lhe flui incessantemente. Essa liberdade lhe garante o total controle da sua intimidade, quanto às suas crenças e opiniões, mesmo quando, sob coação, é compelido a fazer ou a não fazer. Se muda o seu pensar, é porque se deixou ser convencido pelos argumentos alheios.

---

271 Idem, questão 595.
272 Idem, questão 637.
273 Idem, questão 833.

Kardec, comentando sobre o livre-arbítrio, disse:

> Muito mais moral se mostra, indiscutivelmente, a doutrina espírita. Ela admite no homem o livre-arbítrio em toda a sua plenitude e, se lhe diz que, praticando o mal, ele cede a uma sugestão estranha e má, em nada lhe diminui a responsabilidade, pois lhe reconhece o poder de resistir, o que evidentemente lhe é muito mais fácil do que lutar contra a sua própria natureza. Assim, de acordo com a doutrina espírita, não há arrastamento irresistível: o homem pode sempre cerrar ouvidos à voz oculta que lhe fala no íntimo, induzindo-o ao mal, como pode cerrá-los à voz material daquele que lhe fale ostensivamente. Pode-o pela ação da sua vontade, pedindo a Deus a força necessária e reclamando, para tal fim, a assistência dos bons espíritos. Foi o que Jesus nos ensinou por meio da sublime prece que é a oração dominical, quando manda que digamos: "Não nos deixes sucumbir à tentação, mas livra-nos do mal."[274]

Essa voz oculta que fala no íntimo são as nossas tendências inferiores, os hábitos infelizes adquiridos, muitos dos quais emergem do inconsciente profundo, bem como as induções de espíritos infelizes que desejam a nossa queda, contra os quais devemos empregar grande resistência, valendo-nos de todos os nobres valores que já incorporamos.

Tratando da influência dos pensamentos em nossas vidas, Kardec traz os ensinamentos no sentido de que, em geral, não nos é de grande interesse distinguir quais são nossos ou quais nos são sugeridos, muitas vezes é útil que não saibamos, porque assim "o homem obra com mais liberdade; se se decide pelo bem, é voluntariamente que o pratica; se toma o mau caminho, maior será a sua responsabilidade."[275]

---

274 Idem, questão 872
275 Idem, questão 461

O pensamento por si só não interessa à sociedade e nenhuma pessoa será recriminada ou processada por pensar mal de alguém. As leis disciplinam nossas palavras e atitudes, que têm repercussão na vida coletiva. No entanto, somos responsáveis pelos nossos maus pensamentos perante as leis divinas, como se lê na resposta à questão 834 de *O Livro dos Espíritos*.

É que, como já vimos anteriormente, o pensamento é matéria, embora mais rarefeita, atuando sobre o meio e sobre as criaturas. Ondas mentais de natureza inferior impressionam encarnados e desencarnados, contaminam a atmosfera espiritual, causando desequilíbrio e sofrimento. Então, sim, seremos todos avaliados e responsabilizados pelos danos que os nossos pensamentos viciosos provocarem.

Por causa disso, a nossa liberdade de pensar pode ser tolhida, da mesma forma que o nosso direito de ir e vir quando cometemos um crime. Emitindo ondas mentais perturbadoras, desequilibramos a nós mesmos, destrambelham-se os cérebros do corpo físico e do corpo espiritual, impedindo-nos o raciocínio lógico. Reencarnamos doentes mentais e os pensamentos gravitam em torno dos fatos geradores, dos crimes e das culpas que carregamos, provocando mais desequilíbrio e sofrimento. Simples consequência, não se podendo falar em castigo divino.

Diz Joanna de Ângelis:

> Cada criatura, por isso mesmo, é o que pensa, encarcerando-se em estruturas mentais sombrias ou libertando-se dos grilhões no rumo das claridades infinitas do Cosmo. Pensa mal, e mesmo que o disfarces, ficarás aprisionado, gozando de falsa liberdade até a queda nos hórridos conflitos...[276]

276 *Iluminação interior*, Joanna de Ângelis/DPF, LEAL, cap.21.

Resulta daí que devemos manter nossa atenção sempre voltada para a natureza e a intensidade dos nossos pensamentos, para que deles não nos tornemos escravos, ao contrário, possamos cada vez mais utilizá-los com a liberdade que o bem nos proporciona. Igualmente, é dever nosso respeitar a consciência e as crenças do próximo, sem tentar constrangê-lo a pensar e a sentir pelas nossas medidas.

A disciplina do pensamento evita que este voe ilimitadamente nas asas da imaginação e da fantasia, na ambição de realizar o que se mostra por ora impossível ou que seja inadequado, gerando ansiedades, angústias e eventuais prejuízos.

A nobre mentora Joanna, em outra obra, elucida:

> Pensar bem ou mal é questão de hábito. Toda vez que ocorrer um pensamento servil, doentio, perverso, malicioso, injusto, de imediato substituí-lo por um digno, saudável, amoroso, confiante, justo, sustentando-o com a onda de irradiação do desejo de que assim seja realizado. O que se pensa, torna-se realidade, como é natural. Eis por que, pensar e agir são termos da mesma equação existencial. Primeiro pensar, para depois atuar, a fim de que não venha a agir antes, arrependendo-se quando passe a reflexionar.[277]

Como somos livres para pensar, temos a liberdade e o poder de mudar a nossa vida para melhor, seja qual for a situação e a qualquer momento. Esse conhecimento é fundamental, pois muitos espíritos que enveredaram para o mau caminho consideram que se perderam definitivamente e não têm como retornar para Deus. Porém, basta um pensamento sincero de mudança que a luz se faz na intimidade, atraindo o amparo da misericórdia divina. Disseram os mentores da codificação a Kardec, que se o

---

277 *Vida: desafios e soluções*, Joanna de Ângelis/DPF, LEAL, cap. 4.

espírito "vier a sucumbir, restar-lhe-á a consolação de que nem tudo se lhe acabou e que a bondade divina lhe concede a liberdade de recomeçar o que foi malfeito."[278]

Esse o caso do nosso irmão André Luiz, que conseguiu ser resgatado das trevas onde sofria após seus pensamentos se voltarem para Deus em prece profunda. Vejamos sua narrativa:

> E, quando as energias me faltaram de todo, quando me senti absolutamente colado ao lodo da Terra, sem forças para reerguer-me, pedi ao Supremo Autor da Natureza me estendesse mãos paternais, em tão amargurosa emergência. Quanto tempo durou a rogativa? Quantas horas consagrei à súplica, de mãos-postas, imitando a criança aflita? Apenas sei que a chuva das lágrimas me lavou o rosto; que todos os meus sentimentos se concentraram na prece dolorosa.
>
> ...
>
> Foi nesse instante que as neblinas espessas se dissiparam e alguém surgiu, emissário dos Céus. Um velhinho simpático me sorriu paternalmente. Inclinou-se, fixou nos meus os grandes olhos lúcidos, e falou:
>
> - Coragem, meu filho! O Senhor não te desampara.[279]

278 *O Livro dos Espírito*, Allan Kardec, tradução Guillon Ribeiro, FEB, questão 258.
279 *Nosso Lar*, André Luiz/FCX, FEB, cap. 2.

25. PENSAMENTO E TEMPO

TEMPO É ALGO NÃO bem definido e nem bem compreendido pela ciência. Todos sabemos o que é, mas a explicação não convence.

Alguns cientistas consideram o tempo como um vetor com repercussão direta no Universo e falam até que seria a quarta dimensão.

Por enquanto, ficamos com Allan Kardec:

> O tempo é a sucessão das coisas... O tempo é apenas uma medida relativa da sucessão das coisas transitórias; a eternidade não é suscetível de medida alguma, do ponto de vista da duração; para ela, não há começo, nem fim: tudo lhe é presente.[280]

Então, o que chamamos de tempo é só uma percepção individual da sucessão dos fatos, baseada na relatividade das coisas onde estamos mergulhados. Por isso, contamos as horas de maneiras diferentes em diversos lugares do planeta. Duas pessoas podem estar ao telefone simultaneamente, mas enquanto no Brasil é meio dia, no Japão é meia noite. Hoje usamos o relógio para medir as horas e há um padrão adotado no planeta, mas houve um momento na história em que o tempo era contado observando-se a lua, o sol e os astros em geral.

E se o tempo é apenas uma sucessão dos fatos, isso significa que só é real o que está acontecendo neste exato momento. O que

280 *A Gênese*, Allan Kardec, tradução Guillon Ribeiro, FEB, cap. VI.

aconteceu há alguns segundos ou há dezenas, centenas de anos não existe mais e nada pode ser mudado. De outro lado, o que vem pela frente ainda não se concretizou e será o resultado do que fazemos agora, individual ou coletivamente.

Portanto, o que importa mesmo é como estamos aproveitando este momento, o agora.

Raras são as pessoas que conseguem viver concentradas no que fazem, usando o tempo para o seu crescimento espiritual e intelectual. Inumeráveis vivem o hoje de maneira irresponsável, querendo gozá-lo o mais que puder, de forma imprudente, sem pensar nas consequências, para si ou para o próximo. Hedonistas e egoístas, estão centradas apenas em si mesmas e ignoram que a lei é de semeadura e colheita. Como a cigarra da fábula, passam o dia a cantar e não se preparam para os dias de inverno.

Outras muitas se demoram pensando no passado ou no futuro, perturbando-se e sofrendo. Insatisfeitas com a vida atual, deslocam a mente para fatos pretéritos significativos, mas em geral marcados pela culpa e o ódio; ou permanecem ansiosos ou inseguros quanto ao porvir, criando quadros mentais das possibilidades. No entanto, quando lembramos do passado ou imaginamos o futuro produzimos emoções correspondentes e emitimos ondas mentais como se os fatos fossem realidade, mas em sendo de tristeza, de raiva ou de medo intoxicam e desequilibram o sistema nervoso, as glândulas e as células.

Se devemos ser prudentes e organizarmos a jornada para alcançarmos sucesso em nossos anseios de vida, é inadequado nos angustiarmos com as possibilidades de erro ou de acerto, pois igualmente compromete a nossa capacidade de raciocinar e de fazer o correto para a consecução do que foi desejado. Além disso, angustiar-se pelo que vem adiante implicaria em sofrer duas vezes no caso de fracasso, ou seja, um sofrimento desnecessário. Natural um pouco de expectativa, mas não a ponto de gerar sofrimento e perturbação.

O nobre Emmanuel também ensina que pensamentos ansiosos e negativos podem contribuir para um eventual insucesso:

> Tensão à face de possíveis acontecimentos lamentáveis é facilitar-lhes a eclosão, de vez que a ideia voltada para o mal é contribuição para que o mal aconteça; e tensão à frente de sucessos menos felizes é dificultar a ação regenerativa do bem, necessário ao reajuste das energias que desastres ou erros hajam desperdiçado.[281]

As aflições do dia a dia já são suficientes para nos ocupar a mente, de modo que não devemos nos sobrecarregar com pensamentos que nos desviem a atenção, sejam relacionados ao nosso passado ou ao nosso futuro, ou ainda, aqueles que digam respeito somente à vida do próximo.

Toda a nossa atenção deve estar centrada no momento atual, nele empregando a nossa vontade e o nosso esforço para o bem, porque assim construiremos naturalmente um futuro melhor. Expressões populares como "não chorar o leite derramado" e "águas passadas não movem moinho" têm um sentido verdadeiro, já que não podemos mudar o que aconteceu.

É certo que muitas vezes as lembranças do passado emergem como pensamentos intrusos, indesejáveis, mas essa ocorrência é apenas importante convite para resolvermos pendências não equacionadas no tempo certo.

Diz Joanna de Ângelis:

> Em razão do largo processo da evolução, todos os seres conduzem reminiscências que necessitam ser trabalhadas incessantemente, liberando-se daquelas que se apresentam como melancolia, insegurança e receios infundados, desestabilizando-o.

281 *Encontro marcado*, Emmanuel/FCX, FEB, cap. Aflição Vazia.

> Ao mesmo tempo, estimulando-se novas conquistas, enfrentando as dificuldades que o promovem quando vencidas, descobre todo o potencial de valores de que é portador e que necessitam ser despertados para as vivências enriquecedoras.[282]

O propósito, portanto, é o de trabalharmos os conteúdos que surgem do passado, sem mantermos os pensamentos enrodilhados nos acontecimentos e nem ficarmos a lamentar o que fizemos ou o que nos fizeram, desse modo evitando reacender mágoas, raivas, tristeza e revolta.

Assim como cai sobre o espírito o véu do esquecimento quando da reencarnação, igualmente cada dia deve ser para nós uma oportunidade de olvidar os enganos e prosseguirmos renovando pensamentos e atitudes, de modo a projetarmos dias de mais felicidade.

Se permitirmos que a lembrança do passado infeliz permaneça conosco, cada vez mais nossos pensamentos serão consumidos por ela, deslocando-nos a mente para os porões do inconsciente, onde repousam, e podem acordar os instintos mais grosseiros. É o que se vê com criaturas que já alcançaram determinados sentimentos nobres, mas se desequilibraram por não compreender e perdoar uma única desfeita ou decepção do passado.

Interessante ocorrência nesse sentido é narrada por André Luiz no livro *Missionários da luz*, quando da audiência espiritual de entendimento entre o espírito Segismundo e o encarnado Adelino, que lhe seria o pai, mas cujos sentimentos de medo e raiva, vítima que fora de assassinato por aquele, dificultavam a fecundação. Diz André Luiz, destacando os efeitos do perdão na renovação dos pensamentos e do corpo espiritual:

---

282 *Triunfo pessoal*, Joanna de Ângelis/DPF, LEAL, cap. 6.

> O organismo perispiritual de Adelino parecia desfazer-se de pesadas nuvens, que se rompiam de alto a baixo, revelando-lhe as características luminosas. Irradiações suavíssimas aureolavam-lhe agora a personalidade, deixando perceber a sua condição elevada e nobre.
>
> Herculano, junto de mim, falou-me em tom discreto:
>
> – O perdão de Adelino foi sincero. As sombras espessas do ódio foram efetivamente dissipadas. Louvado seja Deus![283]

Não se trata de uma posição mental fácil de conseguir, porque em geral não nos preocupamos em disciplinar os pensamentos e permitimos que flutuem como uma folha ao vento. Além disso, o inconsciente guarda quase a totalidade das nossas experiências e pressiona o ego com os conteúdos não resolvidos, ou mal resolvidos, porque ali esses conteúdos permanecem como dados não devidamente ajustados na memória.

Por isso, treinar meditação, foco e concentração ajudam a estar com os pensamentos no hoje, no que é importante fazer agora.

O espírito Carlos Pastorino ensina:

> O tempo, por mais se planejem ocasiões futuras, é sempre hoje, o valiosíssimo instante agora, que deve ser vivenciado sem apreensão, momento a momento, como quem toma uma xícara de chá morno com prazer e desfruta tranquilamente o seu calor, o seu paladar, o bem-estar que disso decorre. Nenhum anseio pelo que virá, remorso algum pelo que já aconteceu, deve ser a maneira de viver-se.[284]

Quando não compreendemos as ocorrências transatas, não nos perdoamos ou não perdoamos o próximo, essas lembranças

283 *Missionários da luz*, André Luiz/FCX, FEB, cap. 13.

284 *Impermanência e imortalidade*, Carlos T. Pastorino/DPF, FEB, cap. Meditação.

sempre voltam e os nossos pensamentos de raiva ou de culpa nos tornam pessoas amargas e dificultam relacionamentos saudáveis e afetivos, que podem nos dar alegria e ânimo para a vida.

Ademais, como já vimos na primeira parte, nossos pensamentos perturbados acabam atraindo a companhia de desencarnados infelizes, em geral ligados ao nosso passado, que enxameiam as nossas mentes com seus próprios conteúdos perturbadores, agravando a situação.

Vejamos o ensinamento que André Luiz colocou nas palavras da personagem Antonina, no diálogo com seus filhos:

> - Somos levados a crer, meus filhos, que o Divino Mestre, em nos ensinando a desculpar todas as faltas do próximo, inclinava-nos ao melhor processo de viver em paz. Quem não sabe desvencilhar-se dos dissabores da vida, não pode separar-se do mal. Uma pessoa que esteja parada em lembranças desagradáveis caminha sempre com a irritação permanente. Imaginemos vocês na escola. Se não conseguirem esquecer os pequeninos aborrecimentos nos estudos, não poderão aproveitar as lições. Hoje é um colega menos amigo a preparar lamentável brincadeira, amanhã é uma incorreção do guarda enfadado em razão de algum equívoco. Se vocês imobilizarem o pensamento na impaciência ou na revolta, poderão fazer coisa pior, afligindo a professora, desmoralizando a escola e prejudicando o próprio nome e a saúde. Uma pessoa que não sabe desculpar vive comumente isolada. Ninguém estima a companhia daqueles que somente derramam de si mesmos o vinagre da queixa ou da censura.[285]

Então, a nossa felicidade depende de estarmos vivendo no agora, com os pensamentos sempre voltados para o bem, que é a lei divina, porque, quando se pensa no bem, fala-se e age-se também no bem.

---

285 *Entre a Terra e o Céu*, André Luiz/FCX, FEB, cap. 6.

Arremato, com Joanna de Ângelis:

> O desejo do planejamento futuro é realizado com o material que se está usando neste momento.
>
> Gerando decisões salutares, tomando atitudes corretas e corrigindo as equivocadas, programa-se o porvir agradável, compensador. Para tanto, o cultivo dos pensamentos enobrecedores faz-se inadiável. É necessário pensar alto, a fim de colher resultado satisfatório. Quem pensa a mesma coisa, recebe sempre aquilo que já tem. Variar para melhor, é candidatar-se ao superior, ao não fruído.[286]

---

286 *Autodescobrimento*, Joanna de Ângelis/DPF, LEAL, cap.8.

26. PENSAMENTO E SENTIMENTO

O ESPÍRITO REAGE AO meio com indiferença ou emoção, gerando passividade ou uma atitude.

Já de pronto me socorro com Emmanuel, quando ensina sobre a mente:

> Em todos os domínios do Universo vibra, pois, a influência recíproca.
>
> Tudo se desloca e renova sob os princípios de interdependência e repercussão.
>
> O reflexo esboça a emotividade.
>
> A emotividade plasma a ideia.
>
> A ideia determina a atitude e a palavra que comandam as ações.[287]

A emoção é uma percepção psicológica de um fato qualquer, um estímulo rápido que nos atinge e produz uma alteração mental e física, segundo os nossos valores espirituais. As emoções mais comuns são: medo, repulsa, nojo, alegria, tristeza, vergonha, surpresa, desprezo, ira...

As emoções despertam na criatura potenciais a ela imanentes e que têm a ver com a sua origem divina, porque outorgados pelo Criador para que lhe seja possível sair da ignorância e alcançar a angelitude.

---

287 *Pensamento e vida*, Emmanuel/FCX, FEB, cap. 1.

Os sentimentos são as emoções identificadas e registradas e que se convertem em estruturas mentais que determinarão o modo de pensar e de ser da criatura. A vontade, motor da alma, dará aos sentimentos a intensidade e a qualidade que atendam aos interesses da criatura, segundo a sua própria maturidade. Por essa razão, e muito naturalmente, almas jovens albergam sentimentos grosseiros - egoísmo, orgulho, ambição, inveja, ciúme, raiva -, e os espíritos mais experimentados já conseguem expressar bondade, misericórdia, mansuetude...

Tratando dos sentimentos, diz Joanna de Ângelis que:

> No princípio do processo evolutivo, porém, eles se encontram em germe nos instintos agressivos ou primários, que os vão liberando até o momento em que passam a exercer atividades especiais na conduta, direcionando as aspirações e os anseios para o belo, o nobre, o bom e o elevado...[288]

Aos sentimentos elevados denominamos virtudes, que, individualmente ou no conjunto, expressam o amor, assim como a junção de todas as cores compõem a luz branca.

Nesse contexto, o pensamento é o veículo de reflexão da ideia e se qualifica exatamente pela natureza das emoções e dos sentimentos, sendo, como vimos anteriormente, passível de mensuração pela Espiritualidade e, um dia, também pelos médicos encarnados.

Analisar a natureza dos nossos sentimentos é uma necessidade se desejamos viver melhor e mais felizes. Detectados os de baixa vibração, devemos empregar vontade e esforço para mudarmos o padrão. É possível identificá-los na medida em que produzem ações que causem danos ao próximo e à própria criatura.

---

288 *Triunfo pessoal*, Joanna de Ângelis/DPF, LEAL, cap.2.

É novamente a mentora que leciona:

> Apesar do alto significado que possuem os sentimentos, torna-se necessário que a razão sempre os conduza, de forma que não se transformem em desarmonia, se comandados pelo desejo egotista ou se façam áridos...[289]

São eles que determinam a aproximação das criaturas pela simpatia, promovendo alegria e bem-estar; ou o distanciamento dos antipáticos, cuja proximidade produz aflições e repulsa. Também são os sentimentos a causa geradora e mantenedora do amparo divino ou das influências obsessivas.

Disseram os espíritos da codificação a Kardec:

> - Os bons espíritos simpatizam com os homens de bem, ou suscetíveis de se melhorarem. Os espíritos inferiores com os homens viciosos, ou que podem tornar-se tais. Daí suas afeições, como consequência da conformidade dos *sentimentos*.[290]

> - Os espíritos imperfeitos se afastam dos que os repelem. Segue-se que o aperfeiçoamento moral das coletividades, como o dos indivíduos, tende a afastar os maus espíritos e a atrair os bons, que estimulam e alimentam nelas o *sentimento* do bem, como outros lhes podem insuflar as paixões grosseiras.[291]

Em *O Evangelho segundo o Espiritismo*, Kardec inseriu mensagem do espírito Lázaro, da qual anoto:

---

289 Idem.

290 *O Livro dos Espíritos*, Allan Kardec, tradução Guillon Ribeiro, FEB, questão 484.

291 Idem, questão 518.

> O amor resume a doutrina de Jesus toda inteira, visto que esse é o sentimento por excelência, e os sentimentos são os instintos elevados à altura do progresso feito. Em sua origem, o homem só tem instintos; quando mais avançado e corrompido, só tem sensações; quando instruído e depurado, tem sentimentos. E o ponto delicado do sentimento é o amor, não o amor no sentido vulgar do termo, mas esse sol interior que condensa e reúne em seu ardente foco todas as aspirações e todas as revelações sobre-humanas.[292]

Parece bem claro que é necessário, inevitável mesmo, educarmos as nossas emoções e os nossos sentimentos, enobrecendo-os e cuidando para que superem as sensações grosseiras da carne, que ainda nos algemam aos palcos terrenos dos prazeres e dos gozos. Igualmente, é evidente que são os sentimentos em harmonia que vão nos garantir a plenitude mental e corporal, sem a qual não há felicidade.

Joanna de Ângelis diz:

> É lento o curso de mudança da faixa grosseira do imediatismo para as sutilezas da emoção dignificada. Nesse trânsito é comum deparar-se com a fase da sensação-emotiva, quando há um descontrole no sistema nervoso e o excesso de emotividade domina-lhe as paisagens comportamentais. Não acostumado às expressões da beleza, da sinceridade, do amor, facilmente se deixa comover, derrapando no desequilíbrio perturbador, no entanto, passo inicial para o clima de harmonia que o aguarda.[293]

Esse trabalho íntimo deve ser racional e disciplinado, não se deixando que o medo ou a culpa atrapalhem. Analisar-se com

---

292 *O Evangelho segundo o Espiritismo* tradução Guillon Ribeiro, FEB, cap. 11.
293 *Vida: desafios e soluções*, Joanna de Ângelis/DPF, LEAL, cap.4.

sinceridade para a perfeita identificação dos sentimentos, o estágio em que se encontram, para em seguida estabelecer-se metas possíveis para o recondicionamento e o aprimoramento. É verdadeiramente um trabalho mental, de reflexão e de pensar com clareza e objetividade.

A respeito, ensina também a mentora que:

> Nessa tarefa cumpre que a ação se faça destituída de autocompaixão, de autocrítica, de autopunição, de autojustificação. Mediante a coragem de quem vislumbra e se dirige para uma meta de segurança, sem saudades do que passou, deve fazer a seleção do material e analisá-lo serenamente, a fim de renovar-se.[294]

Percebendo que esse esforço lhe faculta emoções mais equilibradas e sentimentos mais amorosos, a criatura se repleta de alegria e de paz interior, de novas forças e de esperança para outros empreendimentos espirituais de maior envergadura. De sentimentos renovados, converter-se-á em instrumento de renovação social, praticando a caridade para com todos e promovendo a paz por onde passar.

E beneficia-se, mais ainda, quando de seu retorno ao mundo espiritual, onde os valores que realmente importam são os sentimentos elevados, as virtudes e os amigos que incorporou em sua jornada material.

---

294 *Autodescobrimento*, Joanna de Ângelis/DPF, LEAL, cap. 7.

27. PENSAMENTO E RELACIONAMENTOS

O PENSAMENTO ESTÁ NA base dos nossos relacionamentos pessoais.

Simpatia e antipatia, aproximando ou repelindo, nascem do juízo que fazemos sobre como o outro é, segundo as experiências boas ou ruins que se fixaram na nossa memória.

Acrescentem-se as imperfeições que ainda carregamos - como ambição, ciúme, inveja e medo -, mais a influência recolhida no meio em que vivemos, e o resultado são preconceitos que determinam as nossas atitudes para com o próximo.

De imediato criamos uma barreira quando somos apresentados a alguém com nome ou aparência de um pai ou professor autoritário, mas uma idosa sorridente e bondosa pode despertar nossa feliz atenção por lembrar a avó acolhedora da nossa infância.

Criticamos quem se veste, fala e se comporta diferente de nós, e nos sentimos à vontade entre os da nossa "turma". Acreditamos em quem se arruma bonito e suspeitamos dos desleixados, porque a aparência nos impressiona.

Com todo o conteúdo armazenado, a mente está preparada para reagir e emite pensamentos que acolhem uma nova situação ou a rejeitam. São esses valores internos que determinam o nosso imediato juízo sobre as pessoas e os fatos, mesmo que não estejamos perfeitamente inteirados da realidade.

Na repulsa, em geral, age o espírito imaginando proteger-se, por considerar perigoso o que lhe é defrontado. Tem a ver com o instinto de conservação, que desenvolveu mecanismos cerebrais de pronta reação diante dos perigos iminentes, porque parar para analisar uma ameaça poderia implicar na morte. Em razão disso, os sinais externos chegam primeiramente na amígdala cerebral, que determina imediatas respostas emocionais, e depois no hipocampo, que é a área responsável pela memória. Por outras palavras, primeiramente temos reações emocionais, e só depois refletimos sobre a situação que nos impressionou.

Até pouco tempo aceitava-se que uma vida feliz e o sucesso econômico dependia de uma inteligência superior, de um QI elevado, capaz de armazenar informações e replicá-las logicamente nas atividades comuns ou profissionais. Hoje, porém, admite-se não somente as múltiplas inteligências – entenda-se habilidades –, mas também uma inteligência emocional, que seria a habilidade de se manter um relacionamento interpessoal saudável, através de condutas relacionadas com o autoconhecimento, a empatia e a resiliência.

Quem tem a mente cristalizada em determinados aspectos normalmente é uma pessoa irritadiça e fechada ao entendimento e a um bom relacionamento. Critica, ofende e menospreza, quando não é violenta. Mental e emocionalmente destemperada, tensa, frequentemente adoece e pode até causar sua morte súbita. Por outro lado, aqueles que se fiam na aparência tendem a ser bajuladores, aproveitadores, mas quase sempre são os enganados e caem em prejuízo financeiro, social e moral. Sob qualquer aspecto, todos esses engendram relacionamentos pessoais marcados pelo conflito ou pela hipocrisia, que são indesejáveis e não promovem a felicidade real.

O forte componente emocional é grande obstáculo à mudança do pensamento, ainda quando diante de argumentos racionais e da verdade dos fatos. Aceitar um novo pensamento seria admitir-se que se estava errado, desculpar-se e reajustar-se, uma postura bem difícil para o ego orgulhoso. No entanto, quem não muda para melhor permanece estacionário e isolado, até que o sofrimento convide à revisão dos conceitos. Progredir é lei divina a que todos estamos sujeitos, destinados que somos à sublimação.

Nossos relacionamentos devem estar embasados em pensamentos sinceros e abertos ao entendimento, sem prejulgamentos, pois estes, em geral, estão carregados das nossas dificuldades morais. Aceitando ou mesmo tolerando as diferenças pessoais, como fazendo parte natural da vida em sociedade, mais fácil se torna a nossa convivência e ampliamos o nosso círculo de relações, assim favorecendo o nosso crescimento.

Por outro lado, com os pensamentos desajustados, tendemos a atrair pessoas ou desencarnados por semelhança e que mais vão nos deixar ensimesmados.

O mentor Emmanuel ensina:

> Assimilamos os pensamentos daqueles que pensam como pensamos.
>
> ...
>
> Pensando, conversando ou trabalhando, a força de nossas ideias, palavras e atos alcança, de momento, um potencial tantas vezes maior quantas sejam as pessoas encarnadas ou não que concordem conosco, potencial esse que tende a aumentar indefinidamente, impondo-nos, de retorno, as consequências de nossas próprias iniciativas.[295]

Estudando e trabalhando os nossos conteúdos internos, assim elevando a autoestima e ganhando segurança, iniciaremos relacionamentos sem ruídos de qualquer natureza, permitindo-nos conhecer o outro como de fato se apresente e mantermos a relação em clima de respeito e compreensão.

Isso significa que poderemos nos relacionar com qualquer pessoa sem humilharmos e nem nos submetermos, mas ensinando e aprendendo, já que é esse o objetivo divino ao nos providenciar

295 *Pensamento e vida,* Emmanuel/FCX, FEB, cap. 8.

a vida em sociedade com os diferentes. Não pensaremos mal do outro e, pelo reverso, também não vamos nos melindrar e nem revoltar por causa da opinião alheia, ainda que grosseira.

Como mudar a forma de pensar é difícil, devemos nos esforçar para enfrentar situações indesejáveis, não recusando a convivência com pessoas adversas e procurando conter as sensações e as emoções desagradáveis, porque essa abertura nos permitirá ter uma visão mais ampla da vida, conhecer melhor o que o outro pensa e sente, suas motivações e anseios. Com o tempo, é bem provável que reconheçamos o engano do nosso ponto de vista e reformulemos nossa maneira de ser. Mas, também, não vamos nos afligir para mudar o que o outro pensa, aceitando-o como é, embora nos seja lícito argumentar com o nosso conhecimento, ou mesmo nos proteger daqueles que intencionalmente possam conspirar contra nós.

Quem a isso se proponha - a mudar o nível de suas relações pessoais - encontrará no Evangelho de Jesus e no espiritismo fortes argumentos para suas reflexões, compreendendo que somos espíritos imortais criados por Deus e destinados à purificação, portanto, irmãos uns dos outros, e que devemos nos ajudar na jornada de progresso.

Ninguém conseguirá ser feliz vivendo sozinho ou impondo o seu modo de ser. Relacionamentos saudáveis são baseados no respeito e na cooperação, na renúncia e no perdão.

Joanna de Ângelis leciona:

> O pensamento, rompendo as barreiras da ignorância, superando a densidade da sombra, inevitavelmente se adorna de emoções, ensejando que os sentimentos do amor passem a constituir o objetivo a ser alcançado, vencendo, etapa a etapa, as manifestações primárias pelas quais se apresenta até conseguir alcançar os patamares do sacrifício, da renúncia, da abnegação e da doação total.[296]

---

296 *Triunfo pessoal*, Joanna de Ângelis/DPF, LEAL, cap. 2.

28. PENSAMENTO E DEUS

É NATURAL QUE NOS reportemos a Deus utilizando definições ou qualificações próprias da nossa linguagem. Nada de errado nisso, porque o raciocínio sempre parte do conhecido para o desconhecido. É o esforço que a criatura faz para se aproximar do Criador, e designá-lo por Deus, Pai, Alá, Olorum, Inteligência suprema ou Arquiteto universal não muda a Sua natureza.

O importante, e necessário, é que façamos d´Ele a ideia mais justa possível, para que a nossa relação com Ele e com a vida seja correta.

Disseram os espíritos superiores ao Codificador que ainda nos falta o sentido para compreendermos a natureza íntima de Deus e que só quando o espírito não mais estiver obscurecido pela matéria, só quando, pela sua perfeição, se houver d´Ele se aproximado, é que O verá e compreenderá.[297]

Mas concordaram com Kardec sobre alguns atributos que são inerentes à perfeição própria do Criador de tudo: eterno, infinito, imutável, imaterial, único, onipotente, soberanamente justo e bom.[298] Sem essas qualidades não seria Deus e nem haveria estabilidade no Universo.

Quando nos referimos ao pensamento de Deus, à Sua mente ou à Sua vontade, é apenas uma forma de expressar como achamos que Deus interage com toda a Sua criação, porque, de fato, pelo menos entre nós, disso não temos a certeza.

---

297 *O Livro dos Espíritos*, Allan Kardec, tradução Guillon Ribeiro, FEB, questões 10 e 11.

298 Idem, questão 13.

Uma coisa, porém, sabemos, por revelação espiritual e pela observação da própria vida: Existem leis às quais estamos submetidos e que foram estabelecidas por Deus para a governança geral da matéria e outras para os espíritos, estas apresentadas por Allan Kardec na terceira parte de *O Livro dos Espíritos*, a partir da questão 614.

Sendo leis imutáveis, não podem ser alteradas pelos nossos pensamentos, desejos ou atitudes. Tudo o que acontece está perfeitamente administrado por essas leis, que harmonizam liberdade com responsabilidade, mantendo mecanismos próprios de ajustes e reajustes.

Se assim podemos nos expressar, as leis divinas são o "pensamento", a "vontade" de Deus para todo o tempo, para todos os mundos e para todas as criaturas.

É por isso que os espíritos superiores disseram a Kardec:

> - A lei natural é a lei de Deus. É a única verdadeira para a felicidade do homem. Indica-lhe o que deve fazer ou deixar de fazer e ele só é infeliz quando dela se afasta.
>
> - O sábio estuda as leis da matéria, o homem de bem estuda e pratica as da alma.

Dessa maneira, o espiritismo veio nos ajudar a qualificar a nossa relação com Deus, ensinando que os nossos pensamentos, palavras ou ações devem sempre se ajustar às leis naturais e que elas não serão revogadas para atender aos nossos caprichos.

A lei é boa e instituída para a nossa felicidade. Estudá-la, bem compreendê-la e colocá-la em prática nos garante uma vida melhor e feliz.

Não significa, porém, que não temos opções, escolhas ou desejos. Deus, em Sua perfeita sabedoria e em Seu perfeito amor, permite-nos caminhos variados para chegar até Ele, como nos sugere a diversidade que se vê na Natureza. Do contrário, o livre-arbítrio seria uma falácia e o Universo e suas criaturas um brinquedo fastidioso.

Comentando sobre o ensino de Jesus anotado por Marcos em 11:14 - "Seja o que for que peçais na prece, crede que o obtereis e concedido vos será o que pedirdes" –, disse Kardec:

> Sem dúvida alguma há leis naturais e imutáveis que não podem ser ab-rogadas ao capricho de cada um; mas, daí a crer-se que todas as circunstâncias da vida estão submetidas à fatalidade, vai grande distância. Se assim fosse, nada mais seria o homem do que instrumento passivo, sem livre-arbítrio e sem iniciativa. Nessa hipótese, só lhe caberia curvar a cabeça ao jugo dos acontecimentos, sem cogitar de evitá-los; não deveria ter procurado desviar o raio. Deus não lhe outorgou a razão e a inteligência, para que ele as deixasse sem serventia; a vontade, para não querer; a atividade, para ficar inativo. Sendo livre o homem de agir num sentido ou noutro, seus atos lhe acarretam, e aos demais, consequências subordinadas ao que ele faz ou não. Há, pois, devidos à sua iniciativa, sucessos que forçosamente escapam à fatalidade e que não quebram a harmonia das leis universais, do mesmo modo que o avanço ou o atraso do ponteiro de um relógio não anula a lei do movimento sobre a qual se funda o mecanismo. *Possível é, portanto, que Deus aceda a certos pedidos, sem perturbar a imutabilidade das leis que regem o conjunto, subordinada sempre essa anuência à Sua vontade* (destaque nosso).[299]

Ainda que possa Deus ter conhecimento dos nossos mínimos pensamentos, exatamente porque lhe é próprio ser onisciente e todo-poderoso, não seria inteligente dar-se a esse trabalho pessoalmente, daí parecer mais lógico ter criado mecanismos, leis

299 *O Evangelho segundo o Espiritismo*, Allan Kardec, tradução Guillon Ribeiro, FEB, cap. 27.

que regulam a vida, dentre elas a lei de sociedade, que nos compele a vivermos coletivamente e nos ajudarmos uns aos outros, segundo as possibilidades de cada um. É assim que, na escala evolutiva dos espíritos, os mais adiantados possuem autoridade relativa para decidir sobre os destinos dos inferiores, atendendo-lhes as súplicas ou recusando, quando não lhes for conveniente.

Comentando sobre as criaturas mais evoluídas, diz Léon Denis:

> Daí em diante está intimamente associada à obra divina; está preparada para desempenhar as missões que cabem às almas superiores, à hierarquia dos espíritos que, por diversos títulos, governam e animam o Cosmo, porque essas almas são os agentes de Deus na obra eterna da Criação, são os livros maravilhosos em que Ele escreveu os seus mais belos mistérios, são como as correntes que vão levar às terras do espaço as forças e as radiações da Alma Infinita.[300]

300 *O problema do ser, do destino e da dor*, Léon Denis, FEB, cap. 9.

29. PENSAMENTO E ORAÇÃO

JÁ FALEI DA PRECE quando tratei do pensamento na comunicação, mas quero fechar os nossos estudos retomando o assunto, porquanto a oração é atitude mental indispensável ao nosso crescimento espiritual e felicidade.

O hábito de orar teve origem a partir de quando os indivíduos passaram a temer as forças da natureza e imaginaram um deus por trás dos fenômenos que não entendiam e que causavam destruição. Pensaram que talvez pudessem aplacar sua ira fazendo sacrifícios e louvando-o, buscando nele também proteção e os favores para a vida.

À própria semelhança, acreditavam que quanto mais importantes as oferendas, mais agradariam aos variados deuses que a imaginação infantil criou para cada evento considerado extraordinário, deuses representados por animais fantásticos, humanos com poderes mágicos ou criaturas com ambas as características.

Os sacrifícios eram acompanhados de palavras que expressavam louvores e súplicas, algumas fórmulas que eram pronunciadas por membros das tribos e a quem se atribuía maior poder, os feiticeiros, magos, xamãs...

O politeísmo foi adotado como manifestação religiosa e continua vivo em alguns povos, mas o monoteísmo avança preponderando. Os judeus eram monoteístas e Jesus reafirmou o Deus único, a quem as pessoas deveriam amar de todo o coração, de toda a alma, de todo o espírito (Mateus, 22:37). Deus, no entanto, prosseguia - e prossegue para muitos - antropomórfico e temperamental, mas o espiritismo se encarregou de nos esclarecer que Ele é a "inteligência suprema, causa primária de todas as coisas".

Ainda hoje, as religiões se utilizam de palavras e gestos específicos, com ou sem objetos, para falar com Deus ou adorá-Lo, atribuição muitas vezes de pessoas que se arvoram em representantes d´Ele na Terra.

Resulta daí que grande multidão de adeptos se condicionou à repetição das preces mecanicamente, sem compreendê-las e sem efetivo envolvimento mental e emocional.

Allan Kardec afirma que:

> ... a prece é uma invocação, mediante a qual o homem entra, pelo pensamento, em comunicação com o ser a quem se dirige.
>
> ... está no pensamento o poder da prece, que por nada depende nem das palavras, nem do lugar, nem do momento em que seja feita.
>
> ... a prece só tem valor pelo pensamento que lhe está conjugado. Ora, é impossível conjugar um pensamento qualquer ao que se não compreende, porquanto o que não se compreende não pode tocar o coração. Para a imensa maioria das criaturas, as preces feitas numa língua que elas não entendem não passam de amálgamas de palavras que nada dizem ao espírito. Para que a prece toque, preciso se torna que cada palavra desperte uma ideia e, desde que não seja entendida, nenhuma ideia poderá despertar.[301]

Ensina o espiritismo que a prece dispensa intermediário e que podemos nos dirigir a Deus diretamente ou aos espíritos bons

---

301 *O Evangelho segundo o Espiritismo*, Allan Kardec, tradução Guillon Ribeiro, FEB, cap. 27.

que em nome d´Ele agem, endereçando-lhes as nossas súplicas ou agradecimentos de maneira natural, expressando mentalmente ou por palavras o nosso pensamento e o nosso desejo.

Orar é um hábito que devemos adquirir, porque nos mantemos em comunhão com os espíritos elevados e nos tornamos receptíveis ao amparo que possam nos proporcionar. É, em verdade, um ato de humildade e de fé, porque os orgulhosos não se acham necessitados de qualquer ajuda, muito menos de um Deus que em geral não acreditam.

Tendo por veículo o fluido universal, o pensamento em prece mais se eleva e alcança o alvo de acordo com o fervor e a sinceridade, porque agita a intimidade dos átomos mentais e produz ondas curtas de grande potencial.

Por essa razão, a oração não deve ser mero ato mecânico, labial, mas deve expressar um pensamento lógico e qualificado por emoções nobres e verdadeiras, única maneira de ser recolhida e considerada pela Espiritualidade Superior.

Anotou Kardec, em *O Livro dos Espíritos*:

> ... A prece é sempre agradável a Deus, quando ditada pelo coração, pois, para Ele, a intenção é tudo. Assim, preferível lhe é a prece do íntimo à prece lida, por muito bela que seja, se for lida mais com os lábios do que com o coração. Agrada-lhe a prece, quando dita com fé, com fervor e sinceridade. Mas, não creiais que o toque a do homem fútil, orgulhoso e egoísta, a menos que signifique, de sua parte, um ato de sincero arrependimento e de verdadeira humildade.
>
> ... Orar a Deus é pensar n´Ele; é aproximar-se d´Ele; é pôr-se em comunicação com Ele.[302]

---

302 *O Livro dos Espíritos,* Allan Kardec, tradução Guillon Ribeiro, FEB, questões 658, 659.

E o nobre espírito Emmanuel:

> A prece impulsiona as recônditas energias do coração, libertando-as com as imagens de nosso desejo, por intermédio da força viva e plasticizante do pensamento, imagens essas que, ascendendo às Esferas Superiores, tocam as inteligências visíveis ou invisíveis que nos rodeiam, pelas quais comumente recebemos as respostas do Plano Divino, porquanto o Pai Todo-Bondoso se manifesta igualmente pelos filhos que se fazem bons.[303]

A criatura espiritualizada, faz da oração diária o meio pelo qual está em permanente comunhão com Deus e Seus ministros, encontrando neles as forças para prosseguir avançando para a plenitude e a felicidade.

303 *Pensamento e vida,* Emmanuel/FCX, FEB, cap. 26.

30. CONCLUSÃO

O LEITOR INTERESSADO DEVE ter deduzido que o pensamento está na base da vida, identificando o que somos na nossa intimidade. Materializando as ideias e os desejos do espírito, é a força que nos move num ou noutro caminho, e por ele podemos avaliar como estamos no nosso processo evolutivo e fazermos as mudanças que entendermos apropriadas.

Pelo pensamento estamos todos associados e comungando experiências concretizadas em nossas atitudes boas ou ruins, submetidos à manifestação do Criador, cuja vontade é a felicidade das criaturas.

Na página Em torno do pensamento, o espírito Antônio Cardoso comenta:

> A bondade é o pensamento em luz.
> O ódio é o pensamento em treva.
>
> A humildade é o pensamento que ajuda.
> O orgulho é o pensamento que tiraniza.
>
> O trabalho é o pensamento em ação.
> A preguiça é o pensamento estanque.
>
> A ignorância é o pensamento instintivo.
> A cultura é o pensamento educado.

A alegria é o pensamento harmonioso.
A tristeza é o pensamento em desequilíbrio.

A conformidade é o pensamento pacífico.
O desespero é o pensamento desgovernado.

A exigência é o pensamento destruidor.
O serviço é o pensamento edificante.

A sobriedade é o pensamento simples.
O luxo é o pensamento complexo.

O carinho é o pensamento brando.
A aspereza é o pensamento enrijecido.

A compreensão é o pensamento elevado ao Céu.
O preconceito é o pensamento enquistado na Terra.

O respeito é o pensamento nobre.
O deboche é o pensamento imundo.

O auxílio fraterno é o pensamento que ampara.
A ironia é o pensamento que fere.

O crime é o pensamento perverso.
A santidade é o pensamento sublime.

O egoísmo é o pensamento exclusivo do "eu".
O bem de todos e com todos é o pensamento da Lei Divina.[304]

304 *Vozes do Grande Além*, psicografia de FCX, FEB, cap. 62.

Assim, aprimorar, enriquecer e educar o pensamento deve ser um esforço contínuo do espírito consciente de sua existência no mundo.

Precisamos pensar com sabedoria e amor, para que nossas palavras e condutas se convertam em motivo de alegria, crescimento e bem-estar do próximo.

E Jesus é o nosso modelo de pensar com retidão, sempre amoroso e justo, compreendendo e amparando a todos nas nossas carências e educando-nos na direção do Reino dos Céus.

CONHEÇA DO MESMO AUTOR:

Carta de Paulo aos romanos

Donizete Pinheiro

Estudo • 15,5x22,5 cm • 192 pp.

Após o seu inesquecível encontro com Jesus às portas de Damasco – cidade em que ia para perseguir os adeptos do Mestre –, Paulo de Tarso se tornará o maior divulgador do Evangelho, levando-o aos gentios e a outros povos submetidos à dominação do Império Romano.

Nesta obra, Donizete Pinheiro transcreve essa carta do apóstolo dos gentios e analisa seus versículos, procurando, com sua sensibilidade e conhecimento espírita, melhor entender o pensamento de Paulo.

Respostas Espíritas

Donizete Pinheiro

Estudo • 14x21 cm • 224 pp.

Respostas espíritas é um excelente livro, onde cada capítulo esmiuçará um tema analisado à luz da doutrina espírita.

Muito esclarecedor constitui-se, desde agora, em leitura inspiradora, sendo próprio para solucionar os questionamentos que são dirigidos aos espíritas por aqueles que pretendem adentrar ao conhecimento espírita.

Temas intrigantes como mortes coletivas, aborto, suicídio, céu e inferno, eutanásia, doação de órgãos e outras questões, num total de 60 capítulos serão amplamente comentados com a lógica que o estudo espírita proporciona.

O cristianismo nos romances de Emmanuel

Donizete Pinheiro

Estudo • 15,5x22,5 cm • 320 pp.

Donizete Pinheiro reúne as informações de Emmanuel colhidas na espiritualidade e acrescidas de suas próprias experiências narradas em seus romances históricos, permitindo uma ampla compreensão das origens do cristianismo, bem como das lutas dos cristãos primitivos que garantiram a subsistência da Boa Nova até a chegada do espiritismo.

VOCÊ PRECISA CONHECER SOBRE JESUS

Zaqueu e Jesus

César Crispiniano/Marie Sophie (espírito)

Romance mediúnico • 15,5x22,5 cm • 280 pp.

Vamos acompanhar a jornada de Zaqueu, que após enriquecer com a cobrança de impostos e impor uma vida rígida aos seus escravos, vê-se repentinamente, e de forma irresistível, ser tocado no mais profundo do seu ser com a revelação de um tesouro que nada tem de material e que seguirá com o ser imortal, por toda a eternidade.

Das coisas que ouvi e senti de Jesus

Ana Paula Vecchi/Natanael (espírito)

Romance mediúnico • 14x21 cm • 200 pp.

Natanael, o autor espiritual desta obra, foi um judeu e doutor da lei que viveu no tempo de Jesus e, assim como sua esposa Séphora, se apaixonou por sua doutrina.

Agora, ele vem encantar a todos com suas narrativas de quando o Mestre viveu na Terra ensinando e exemplificando o amor e a mansuetude. Seus relatos encantadores nos transportam em pensamento para aquelas terras que tiveram o privilégio de serem pisadas pelo governador de nosso planeta.

Governador da Terra

Juliano P. Fagundes

Estudo • 14x21 cm • 256 pp.

Estudo aprofundado sobre as últimas revelações trazidas por cientistas, pesquisadores, historiadores, arqueólogos e os espíritos superiores sobre a vida, a obra e o contexto do mundo em que viveu o Mestre Nazareno.
